Claus Detjen

Der Patriarch in seiner Verantwortung

Bibliografische Information der Deutschen Nationalbibliothek
Die Deutsche Nationalbibliothek verzeichnet diese Publikation
in der Deutschen Nationalbibliografie; detaillierte bibliografische
Daten sind im Internet über http://dnb.d-nb.de abrufbar.

Claus Detjen
Der Patriarch in seiner Verantwortung
Reinhold Würth – Gespräche mit dem Unternehmer und Mäzen

Frankfurter Societäts-Medien GmbH
Frankenallee 71– 81
60327 Frankfurt am Main
Geschäftsführung: Oliver Rohloff

Erste Auflage
Frankfurt am Main 2015

ISBN 978-3-95601-086-6

𝔉ranffurter 𝔄llgemeine Buch

Copyright   Frankfurter Societäts-Medien GmbH
            Frankenallee 71– 81
            60327 Frankfurt am Main
Umschlag   Anja Desch, Frankfurt Business Media GmbH –
            Der F.A.Z.-Fachverlag, 60327 Frankfurt am Main
Titelbild   © Andi Schmid
Satz   Wolfgang Barus, Frankfurt am Main
Druck   Kösel GmbH & Co. KG, Am Buchweg 1, 87452 Altusried-Krugzell

Claus Detjen

Der Patriarch in seiner Verantwortung

Reinhold Würth –
Gespräche mit dem Unternehmer und Mäzen

𝕱rankfurter 𝕬llgemeine **Buch**

Inhaltsverzeichnis

Vorwort und Danksagung 7

Von außen gesehen. R. W. zum Achtzigsten
Hans Magnus Enzensberger 9

Annäherungen an Reinhold Würth
Claus Detjen 11

Kapitel 1: Der Patriarch sorgt vor
Die Familie behält die Führung 21

Kapitel 2: In einer aus den Fugen geratenen Welt
Der Kaufmann muss wissen, was in der Politik läuft 43

Kapitel 3: Plädoyer für die Vereinigten Staaten von Europa
Europa braucht den Finanzausgleich 59

Kapitel 4: Der freie Unternehmer und die Politik
In der Tradition des Liberalismus 77

Kapitel 5: Von der Verantwortung der Medien
Wer kontrolliert die Kontrolleure? 101

Kapitel 6: Handelsreisender, Pilot, Seefahrer, Wanderer
Lebensmotto *Vibrant Curiosity* 113

Kapitel 7: Was der Folgegeneration erspart bleiben soll
Existenzielle Grenzerfahrungen 139

Kapitel 8: Der Christ Reinhold Würth
Im Glauben liegt Trost und Hoffnung 151

Kapitel 9: Gespräch mit Bettina Würth
Frauen führen anders 167

Veröffentlichungen von Reinhold Würth 177
Bücher über Reinhold Würth 184
Vita Prof. Dr. h.c. Reinhold Würth 185

Der Autor 189

Vorwort und Danksagung

Dieses Buch ist an einen Termin und an eine Person gebunden. Der Unternehmer Reinhold Würth wird im April 2015 achtzig Jahre alt. Ein festlicher Anlass für ein dem Jubilar gewidmetes Buch, das aber nicht dem Modell Festschrift folgt. In diesem Buch spricht der Jubilar für sich selbst; er gibt in Gesprächen mit dem Autor Einblicke in die Ideen und Positionen, die über die Rolle des Unternehmers hinaus den Bürger, den Mäzen und den Familienvater aus seinem Verständnis von Verantwortung leiten. Hans Magnus Enzensberger bringt dem Leser die Persönlichkeit des Jubilars mit einer pointierten Charakterskizze im Außenspiegel nahe.

Es mangelt nicht an Veröffentlichungen über und von Reinhold Würth. Er hat sich aber noch nie so umfassend und vielseitig zu seiner Vision von den Vereinigten Staaten von Europa, zu seiner Kritik an der deutschen Russlandpolitik, zu seiner Verwurzelung im süddeutschen Liberalismus, zu seiner Distanz zu den Medien, zu seinem Glauben an den Schöpfergott und zu den Vorkehrungen geäußert, die er über seine Zeit hinaus für die Würth-Gruppe getroffen hat. Der Kaufmann und Kunstsammler Würth offenbart sich in den Gesprächen als ein *Homo politicus*.

Reinhold Würth stellte viel seiner knappen Zeit zur Verfügung. Die Gespräche fanden im Laufe des Jahres 2014 in Künzelsau in seinem Büro statt, ergänzt durch Nachträge im Jahr 2015, Begegnungen bei Ausstellungseröffnungen, bei Jubiläen und bei Reisen. In der Textfassung des Buches stehen die Fragen, die der Autor stellte, in kursiver Schrift vor den Antworten Reinhold Würths.

Ich bin dankbar für die Geduld, die Offenheit, den Humor und die ihm eigene Deutlichkeit, die Reinhold Würth mich erfahren ließ. So entstand ein vielseitiger Dialog zwischen zwei voneinander unabhängigen Personen, die jener Generation angehören, die von der Kriegs- und Nachkriegszeit geprägt wurde.

Der Beiratsvorsitzenden der Würth-Gruppe, Bettina Würth, danke ich dafür, dass sie in einem gesonderten Gespräch Einblick in ihre Führungsprinzipien in der Nachfolge ihres Vaters gewährte.

Rat und Unterstützung erhielt der Autor in großzügiger Weise von der Geschäftsbereichsleiterin Kunst in der Würth-Gruppe, C. Sylvia Weber; ihr bleibe ich in besonderer Dankbarkeit verbunden, ebenso Norbert Bamberger, dem persönlichen Mitarbeiter Reinhold Würths, dessen Aufmerksamkeit bei den Schlusskorrekturen unersetzbar war. Wie bei allen Büchern steht unsichtbar auch hinter diesem die Umsicht und Kompetenz der Verantwortlichen des Verlags; der Verlagsleiterin von Frankfurter Allgemeine Buch, Danja Hetjens, sage ich dafür herzlichen Dank.

Claus Detjen
im März 2015

Von außen gesehen. R. W. zum Achtzigsten

Hans Magnus Enzensberger

Es ist nicht leicht, mit ein paar Sätzen etwas über Reinhold Würth zu sagen. Im *Who's Who* nachzuschlagen, hilft nicht weiter. Dort erfährt man mehr als genug über seine Erfolge, aber nicht, wie eigensinnig und verschwiegen er ist, großzügig und wachsam, tief verwurzelt in seinem Herkommen, aber weltweit ausgreifend, nahbar, doch auf Distanz bedacht. Nur – welcher Außenstehende wollte sich auf all das, was er erraten kann, einen Reim machen?

Und so geht es weiter. Man weiß, dass dieser *pater familias* seine Leute kennt und sich um sie kümmert, gleichgültig, welchen Rang sie in seinen Firmen einnehmen. Aber nur wenigen Vertrauten vertraut er. Weil er reich ist, wollen alle Geld von ihm. Von dem, was er hat, gibt er viel ab, aber wenig gibt er auf die Schmeichler. Geld ist nicht das Interessanteste an ihm.

Obwohl er kaum eine technische Neuerung verpasst hat, hält er vom Zeitgeist nicht viel. Moden lässt er mit einer Art von Ironie an sich vorüberziehen. Er hält sich lieber an alte Restbestände. In diesem Sinn ist er ein Traditionalist.

Wer ihn bei Veranstaltungen, Sitzungen, Kongressen und anderen Ritualen beobachtet hat, merkt, dass er oft eine Viertelstunde lang gar nichts sagt. Er kennt die Reden, die rühmen, was er geleistet hat. Vielleicht langweilen ihn solche Palaver. Aber sobald gewisse Stichworte fallen, sobald sich Einwände oder Chancen andeuten, ist er augenblicklich wieder hellwach.

Ich wage es kaum zu sagen, aber hat er nicht mehr oder weniger unfreiwillig eine verwaiste Rolle im Hohenloher Land übernommen? Dort gab es unter den vielen Fürsten und Grafen nicht nur Bauernschinder, sondern auch aufgeklärte Patriarchen, bedeutende Sammler und ehrgeizige Bauherren. Würth ist ein *selfmademan*. Aber die alten Standesherren haben auch einmal klein angefangen. Es ist nur ein bisschen länger her. Unser Mann kann es mit ihnen aufnehmen, und zwar nicht nur im Ländchen, sondern auf mehr als einem Kontinent. Niederlassungen, Museen und sogar ein luxuriöses Hotel hat er gebaut. Man kann sich diese anspruchsvollen Gebäude in einem Buch anschauen. *Bauen für die Welt* heißt dieser Bildband. Doch hat die Lust, sich als Bauherr zu engagieren, nicht nur feudale Wurzeln. Das alte Bürgertum teilte diese Passion. Auch die Freie Reichsstadt Schwäbisch Hall hat Geschlechter aufzuweisen, mit denen Würth sich messen kann.

Er schätzt seine Unabhängigkeit. Nie wollte er an die Börse gehen. Den Usancen der Finanzindustrie misstraut er ebenso wie Managern, die ihre Unternehmen so leicht wechseln wie ein Hemd. Von Anfang an hat er langfristig gedacht. Von dem, was er bewirkte, soll ihn möglichst viel überleben. Auch dafür hat er gesorgt.

Es freut mich immer, ihm zu begegnen, aber ich kenne ihn zu wenig. Viele, die es besser wissen, Freunde und Konkurrenten, Mitarbeiter und Widersacher, könnten weit mehr über ihn sagen als ich. Aber ein Rest wird bleiben, den Reinhold Würth lieber für sich behält.

Annäherungen an Reinhold Würth

Claus Detjen

Reinhold Würth ist als Unternehmer, als Kunstsammler, als Mäzen bekannt. Er lebt mit und in dem Konzern, den er geschaffen hat. Begegnungen mit ihm sind auf vielen Bühnen des öffentlichen Lebens möglich. Aber für Annäherungen an ihn bleiben die Distanzen groß.

Er beherrscht den öffentlichen Auftritt und weiß sich vor der Aufdringlichkeit zu schützen, die allen droht, die mediale Aufmerksamkeit genießen. Er mag die Aufkleber nicht, die ihm angeheftet werden – „Schraubenkönig", „harter Hund" nur als zwei Beispiele –, wo immer über ihn geschrieben, einer seiner öffentlichen Auftritte angekündigt wird. Auch dem Attribut Patriarch hat er sich nur widerstrebend genähert.

Seine umgängliche Art des freundlichen Auftritts bei den ersten Begegnungen mit Fremden ummantelt eine Distanz wahrende Zurückhaltung. Innerhalb eines Augenblicks kann daraus eine überraschende Erfahrung mit der ironischen Selbstsicherheit werden, die dem Menschenschlag der Hohenloher, dem er angehört, zu eigen ist.

Als Liberaler hat er sich öffentlich zu erkennen gegeben, für die FDP ist er im Wahlkampf aufgetreten, er war ihr Mitglied, ist aus Enttäuschung über die Selbstaufgabe ihres liberalen Markenkerns ausgetreten. Im Mangel an politischem Mut sieht Würth, der in Theodor Heuss eines seiner Vorbilder fand, ein Symptom für den Verfall des Liberalismus in Deutschland. Als Liberaler in der Tradition des badischen und württembergischen Liberalismus empfindet er das schmerzlich.

Leidenschaftlich nennt er seine Vision von der Zukunft Europas. Dem Aufruf für eine neue Russlandpolitik hat er sich aus Sorge vor der Kriegsgefahr angeschlossen, die er aus dem Ukraine-Konflikt für die Welt heranziehen sieht.

Auch in seinen politischen Positionen, so ausgeprägt sie sind, wahrt er Distanz. Das eint ihn mit vielen der Unternehmer, die sich zur Politik äußern, Parteien unterstützen, Kandidaten fördern, selbst aber nie in den

Ring der politischen Kämpfe steigen. Er bleibt immer der Unternehmer, der auf seine Unabhängigkeit bedacht ist. Er weiß, dass aktive Politik ein anderes Geschäft ist.

„Ich bin froh, kein Politiker zu sein", sagt er. Die Freiheit des Unternehmers genießt er. Politik verdirbt das Geschäft. Dieser Argwohn ist das Continuo, wenn er auf die Misserfolge politisch gesteuerter Unternehmen, politischer Prestigeprojekte und das Scheitern von Politikern verweist, die als Manager in der Wirtschaft erfolglos blieben.

Die Gespräche, die in diesem Buch zusammengefasst sind, entsprangen dem Versuch, die weniger bekannten Seiten der Persönlichkeit Reinhold Würth mit vertieften Einsichten in seine Motivationen und die Kräfte zu verbinden, die seine Dynamik bis ins biblische Alter nicht erlahmen lassen. Nichts ist dabei von dem Hintergrund der Geschichte des wirtschaftlichen Aufstiegs vom kleinen Schraubenladen in der baden-württembergischen Provinz zum global agierenden Konzern zu lösen.

Es war nicht immer ein gradliniger Steigflug des Unternehmers, des Kunstsammlers, des Mäzens, des Familienmenschen und Christen. Er spricht offen über seinen Umgang mit Misserfolgen, Rückschlägen, Enttäuschungen und mit den Grenzerfahrungen, vor denen Reichtum nicht schützt.

Autobiografische Erinnerungen verbinden sich mit Sachberichten und erzählerischen Passagen. Es bestand nie die Absicht, daraus eine chronologisch fortlaufende und alle Phasen und Stationen einschließende Lebensgeschichte zu entwickeln. Allein der Versuch dazu wäre angesichts der Dimensionen dieses Unternehmerlebens und seines Werkes vermessen gewesen. Das Projekt muss der ausstehenden, umfassenden Biografie Reinhold Würths vorbehalten bleiben. Die wird in der Definition des früheren F.A.Z.-Mitherausgebers Johannes Gross eine „klassische Rags-to-rich-Geschichte" zum Vorschein bringen, „klassisch im Sinne des amerikanischen Traums, aber nicht typisch für Europa".[1]

Denn: „Der Aufstieg aus dem Nichts der Allgemeinheit zu Ansehen, Einfluss und Erfolg dank der Leistung nur einer Generation ist auf dem alten Kontinent nie häufig gewesen, in unserem Jahrhundert nur in den Aufbaujahren nach dem Zweiten Weltkrieg öfters vorgekommen und wird nun wieder seltener werden." Was Johannes Gross im Vorwort einer 1988 erschienenen Biografie des Kölner Unternehmers Hans Imhoff schrieb, kann hier mit Blick auf Reinhold Würth zitiert werden, dessen unternehmerischer Erfolg die Achse bildet, um die sich alles in seinem Leben dreht.

Nicht Gremien, Vorstände, Manager haben Deutschland nach dem Zweiten Weltkrieg zum Wirtschaftswunderland gemacht. Es waren Unternehmer, deren Namen noch in Erinnerung sind, auch wenn ihre Unternehmen untergegangen oder in andere Hände gefallen sind. In ihren Persönlichkeiten, in ihren Charakteren, in ihren unternehmerischen Aktionsfeldern hatten sie wenig gemeinsam. Aber ihr Ehrgeiz und ihre Kraft, ihr Unternehmen identisch mit sich selbst zu machen, eint sie, als gehörten sie einer einzigen Zunft an.

Als Mitte Juli 2014 der Tod des Unternehmers Karl Albrecht bekannt wurde, schrieb die Frankfurter Allgemeine Zeitung in einem Nachruf, er sei der letzte Patriarch der deutschen Wirtschaft gewesen. Das trifft nicht zu. Auch Reinhold Würth ist ein Patriarch, in seinem Unternehmen, in seiner Familie, in seiner ganzen Persönlichkeit. Ein Patriarch, der entschieden für die europäische Einigung eintritt und sich zugleich zu seiner Heimat in Hohenlohe bekennt. Er begann seinen Beruf als Handlungsreisender und wurde aus Neugier auf Entdeckungen Weltreisender. Deshalb taufte er seine Yacht „Vibrant Curiosity".

Wie Dieter Schwarz (Lidl), die Gebrüder Albrecht (Aldi), Reinhard Mohn (Bertelsmann), Josef Neckermann und Max Grundig hat er einen Konzern aus einer kleinen Firma geschaffen. Er ist einer der Letzten, die noch die Nazi-Diktatur, den Zweiten Weltkrieg und die Folgen erlebt und dann in den fünfziger und sechziger Jahren des vergangenen Jahrhunderts das bis heute andauernde deutsche Wirtschaftswunder mitgestaltet haben. Diese Generation von Eigentümern prägt ihre Unternehmen ihr Leben lang, auch wenn sie sich offiziell aus der aktiven Unternehmensführung zurückgezogen und Nachkommen oder familienfremden Geschäftsführern das Management übertragen hat.

Seine Präsenz im Konzern ist Permanenz, obwohl er zwei, drei Monate im Jahr mit der Vibrant Curiosity auf Entdeckungsreise ist. Gerade an der Ausrichtung des Konzerns auf den Patriarchen wächst die Saat der Kritik. Wer wagt es, ihm zu widersprechen? Von wem akzeptiert er Widerspruch? Auch für Unternehmer gilt die Einsamkeit in der Macht.

Im Unternehmen und außerhalb wird – zumeist nur hinter vorgehaltener Hand – gemunkelt, er lasse keine Führung neben oder unter, geschweige denn über sich entstehen, auch wenn er offiziell aus dem Management ausgeschieden ist. Ein heikles Kapitel – es ist in diesem Buch nicht auf Leerseiten behandelt. Ebenso wenig die Steueraffäre, die ihn tief getroffen hat. Noch heute ist die Verbitterung darüber nicht verflogen. Wenn er einen Vortrag vor dem Presseclub in Stuttgart mit der Feststellung einleitet: „Vor Ihnen spricht ein verurteilter Steuerkrimineller", dann ist die Selbstironie nur Fassade, hinter der die Verletzung schmerzt.

Seine Auszeichnungen für sein Mäzenatentum in der Kunst, die Anerkennungen für sein philanthropisches Engagement, die Ehrenzeichen als Förderer akademischer Projekte erfreuen ihn. Mehrere Ehrendoktor- und einen Professorentitel hat er erhalten. Der Kapitän seiner Yacht, ein Brite, nennt ihn „the professor". In seiner Familie sagen sie: der Vater, ein Enkel nennt ihn beim Vornamen.

Die Titel und Beinamen stecken seine zentralen Lebensräume ab: die Unternehmensgruppe, das Eigentum in der grundgesetzlichen Sozialpflicht, zu der sich Reinhold Würth durch Taten bekennt, die Kulturszenen, in denen er sich freudig bewegt, die Hochschulen, von denen er Elitenbildung für die Zukunft Deutschlands erhofft, die Familie, in der sich Reinhold Würth aufgehoben fühlt.

Würth hat einen globalen Handelskonzern geschaffen, der auf einer Idee beruht: der Idee, dass Schrauben mehr sind als Metallstifte mit Gewinden, die Teile eines Ganzen zusammenhalten. Wie aus Buchstaben das Kommunikationssystem Schrift wird, hat er aus der Schraube ein Element einer Systemgattung gemacht – das Befestigungssystem. Es bietet eine Vervielfachung der im System handelbaren Güter an, von denen Schrauben nur eines sind. Es spiegelt sich darin auch das ganzheitliche Denken, das Reinhold Würth praktiziert, vielleicht auch eine Neigung zur Tüftelei, die ihn aus einer alten Nähmaschine eine Vorrichtung zur Beschleunigung von Schraubvorgängen machen ließ, als er noch ein Bub war.

Deutschland hat als ideenreicher Produzent von Industriegütern wie Automobilen oder Werkzeugmaschinen weltweite Anerkennung und Hochachtung erlangt. Als ein Volk von Händlern galten die Deutschen nie. Handel ist bis heute mehr dem mediterranen Charakter zugeordnet.

Handel verband sich traditionell mit Seefahrt und Meereszugang. Die in Deutschland erfolgreichen Händler agierten in Hamburg, Bremen, Lübeck, allenfalls noch dort, wo schiffbare Flüsse zum Meer führten.

Würth fing als Händler an dem nicht schiffbaren Flüsschen Kocher an, das im Neckar endet, also nicht einmal indirekt ins Meer führt. Eine seiner Lieblingserzählungen aus seinen beruflichen Anfängen besagt, dass er in Künzelsau mit einem Leiterwagen die Päckchen ausgefahren hat, in denen Kunden die bestellten Schrauben, Muttern und Unterlegscheiben erhielten. Ein VW-Käfer war sein erstes Auto. Damit erweiterte er seinen Aktionsradius auf ganz Deutschland.

Eine weitere Erzählung fügt sich an: Er wollte an einem Tag mehr Kunden erreichen können, als es mit dem Auto möglich war. Er fuhr nach Stuttgart, kaufte sein erstes Flugzeug, eine einmotorige Cessna. Da konnte er aber noch nicht fliegen. Beim Sportfliegerclub in Schwäbisch Hall kannte er ein paar Leute: „Ihr müsst mir jetzt das Fliegen beibringen." Nun konnte er von der Graspiste in Schwäbisch Hall aus an einem Tag Kunden im Rheinland, in Westfalen und in Hamburg bedienen, abends wieder zurück sein und das Ergebnis in seine Verkaufsbücher eintragen. Er gerät in nostalgische Freude, wenn er davon erzählt.

Er gibt noch heute seinen Beruf als Reisender an. Ich bin mit ihm nach China geflogen, von dem nach seinem Vater benannten Adolf-Würth-Airport in Schwäbisch Hall aus, der zum Konzern gehört. Die ganze Nacht hindurch saß er im Cockpit des dreistrahligen Falcon – links, auf dem Sitz des verantwortlichen Piloten. Ankunft in Shenzen morgens um fünf. Um zehn saß RW, wie sie ihn intern in Künzelsau nennen, im Verhandlungszimmer mit der chinesischen Delegation zusammen – hellwach, denn es ging ums Geschäft.

Wer hier die Wurzel des Würth'schen Erfolgs sucht, wird fündig. Würth bezeichnet Verkaufen als den schönsten Beruf der Welt. Das klingt nach Schönfärbung eines trivialen Geschäfts. Würth hat daraus das Modell einer Leidenschaft des Reisens und des Umgangs mit Menschen sowie Produkten gemacht. Er verlangt diesen Einsatz von den Verkäufern des Konzerns, manchmal in Briefen, in denen der Patriarch Leistungssteigerung in einer Weise fordert, die nach außen getragen wird und dann in

„Der Spiegel" als Peitsche auftaucht. Und er selbst im „Manager Magazin" als harter Hund.

Würth schätzt Leistung als eine Selbstverständlichkeit für Sinnerfüllung im Leben. Es liegt nahe, darin eine Spiegelung seiner Herkunft aus der württembergischen Provinz zu erkennen, in der Pietismus sich mit naturbedingter Kargheit des Lebens verband. In seiner Vita begegnen wir dem von Max Weber geschilderten Bild des Protestanten mit einer „spezifischen Neigung zum ökonomischen Rationalismus", freilich ohne den asketischen Zug, den ihm der Protagonist der protestantischen Ethik beifügt.[2]

Würth weiß Lebensfreude und Lebensgenuss zu praktizieren. Er lässt den Konzern und seine Mitarbeiter daran teilnehmen, wenn es Jubiläen des Unternehmens und dessen Gründers zu feiern gibt. Er erfreut sich seines Reichtums, der Schönheit seiner Wohnsitze in Hermersberg und Salzburg, der Eleganz seiner Yacht. Seine der Protzerei fernen Wesenszüge bewahrt er trotzdem. Denn er stellt nichts zur Schau, hält sich von der Hochglanzwelt fern, in der sich alle treffen, die sich gerne in der „Bunten" und der „Gala" wiederfinden. Auch im Lebensgenuss ist ihm ein Stück Puritanismus eigen geblieben. Das erleichtert es ihm, auch im Reichtum für sich und für andere Bescheidenheit als Tugend zu postulieren.

Kein anderes Unternehmen in Europa hat so viele fest angestellte Verkäufer wie die Würth-Gruppe: über 30.000. Die Gruppe ist eine komplexe Verkaufsmaschine, bestehend aus über 400 einzelnen und verbundenen Firmen. Der Konzern hat die Größe erreicht, die eigene Hotels und Restaurants, eine eigene Eventagentur mit Reisebüro und einen Buchverlag trägt. Wie der konzerneigene Flugplatz in Schwäbisch Hall, auf dem in der NS-Zeit die ersten deutschen Düsenjäger operierten und später die amerikanische Besatzung ihre Verbindungsflugzeuge starten und landen ließ, werden viele andere Dienstleistungssparten des Konzerns auch von nicht zum Konzern gehörenden Unternehmen genutzt. Das entspricht dem wirtschaftlichen Denken Würths. Unternehmerische Aktivität muss auf Gewinn ausgerichtet sein.

Selbst als Kunstsammler ist er davon nicht frei. „Auch wenn ich Kunst sammle, bin ich Kaufmann", bekennt er öffentlich. Die Kunstsammlung gehört mit ihren zentralen Beständen dem Konzern bzw. einzelnen Unternehmen der Gruppe. Sie ist ein Bindeglied zwischen der Arbeitswelt und der erzieherischen Funktion, die für Würth der Kunst in ihren Ursprüngen innewohnt: Menschen inspirieren, ihren Lebenssinn über den Alltag hinaus orientieren. Im Gespräch wird immer wieder deutlich, wie sehr dieser Gedanke den Unternehmer und Sammler leitet.

In der Breite seiner Aktivitäten bleiben die Eigenschaften eines Lebenskünstlers nicht verborgen. Das Buch, das zu seinem 80. Geburtstag erscheint, kann die Vielseitigkeit dieser großen Unternehmerpersönlichkeit nur in Ansätzen zum Vorschein bringen. Dem Leser werden Annäherungen an Reinhold Würth ermöglicht, die in hohen Respekt vor seiner Lebensleistung münden.

Anmerkungen

1 Hans-Josef Joest: Auf der Schokoladenseite. Hans Imhoff – eine Nachkriegskarriere. Düsseldorf, Wien, New York 1988, S. 10.
2 Max Weber: Die protestantische Ethik. Köln 2009, S. 30.

Kapitel 1:
Der Patriarch sorgt vor

Die Familie behält die Führung

Ein Regelwerk bindet die Gesellschafter und das Management / Macht geht auf den Beirat über / Der Vertrauensrat begleitet den Übergang / Die Welten der Kunst und der Arbeit bleiben vereint

Sie haben Vorkehrungen für die Unternehmensführung nach Ihnen getroffen. Angesichts der Größe des Konzerns und der Bekanntheit, die Sie persönlich haben, ist das kein rein privates Thema.

Ich mache daraus kein Geheimnis. Wir sind ein Konzern mit transparenter Struktur, veröffentlichen jedes Jahr unseren Geschäftsbericht, aus dem auch die Eigentumsverhältnisse hervorgehen. Das Eigentum liegt bei Familienstiftungen, die von Familienmitgliedern und von Familienfremden geführt werden.

Die Regelung meiner Nachfolge, die Sicherung der organisatorischen sowie strukturellen Grundlagen der Würth-Gruppe über meinen Tod hinaus und die Vorsorge für meine Familie haben mich nicht erst beschäftigt, seit der 80. Geburtstag herannahte, mit dem man ins biblische Alter versetzt wird. Ich erinnere mich gut daran, wie ich auf einer Fernostreise am Abend des 18. März 1985 im Seagull Hotel in Shanghai auf dem Bett sitzend am Text eines Testaments gefeilt habe. Das war kurz vor meinem fünfzigsten Geburtstag.

Ich war mir immer der Verantwortung bewusst, die ich für das Unternehmen habe, für seine Mitarbeiter und für die Erhaltung seiner wirtschaftlichen und organisatorischen Grundlagen. Ich war seit meiner Jugend gewohnt, Verantwortung zu übernehmen. Als mein Vater 1954 unerwartet starb, war ich neunzehn Jahre alt. Da war ich plötzlich der Chef, unterstützt von meiner Mutter. Ich wurde quasi automatisch in die Pflicht und damit in die Verantwortung genommen. Das war einfach notwendig. Dabei war es nicht einmal das Idealbild meiner Mutter. Die hätte es gerne gesehen, wenn ich Lehrer geworden wäre.

In Shanghai spielten Sie 1985 doch nicht mit dem Gedanken, die unternehmerische Führung abzugeben?

Nein. Das war vorsorglich. Die Würth-Gruppe hatte damals schon fast 8.000 Mitarbeiter. Und ich hatte eine junge Familie. Ich konnte es nicht dem Zufall oder fremden Anwälten überlassen, was geschehen soll, wenn mir etwas zustößt. Für den unternehmerischen und für den privaten Bereich meines Lebens musste ich Vorkehrungen für den Fall meines Todes treffen. So habe ich meine Verantwortung schon damals gesehen.

Sie haben aber schon mehrere Anläufe genommen, die operative Führung abzugeben, bevor sie den Vorsitz des Beirats Ihrer Tochter Bettina überantworteten. Fällt es schwer, loszulassen?

Die Verantwortung für ein Unternehmen, das man selbst aufgebaut hat, das heute so groß ist wie die Würth-Gruppe, wird man innerlich sein Leben lang nie ganz los, die kann man nicht einfach ablegen wie einen einen Mantel an der Theatergarderobe. Das ist die mentale Seite. Vielleicht muss ich dem früheren Sprecher unserer Geschäftsführung Recht geben, der mir einmal den Spiegel ziemlich nah vor die Nase gehalten hat und meinte, ein Unternehmer wie ich könne „nicht von heute auf morgen auf das unternehmerische Spielfeld, die Facetten seiner Macht und die Erfahrung verzichten, um das Unternehmen voranzutreiben".

Ihre erklärte Absicht ist es, über die 1987 gegründeten Familienstiftungen Stabilität für die Zukunft des Konzerns in seinem Bestand und in seiner Führung zu schaffen. Am Erfolg dieses Modells werden mit Verweis auf Beispiele anderer Familienunternehmen Zweifel geäußert. Sind Unternehmenserhaltungsstiftungen wie Bosch, ZF oder Mahle für Sie als Vorbilder nicht in Frage gekommen?

Jeder Unternehmer muss für sich, für sein Unternehmen, für seine Familie die Lösung finden, die er für am besten geeignet hält. Es gibt kein für alle gültiges Modell. Jede einzelne Ausgangssituation ist von anderen getrennt zu sehen. Die Unternehmen, die Unternehmer, die Familiensituation und -tradition, die Kapitalverhältnisse, die Marktgegebenheiten sind so unterschiedlich, dass man nicht sagen kann: So oder so ist eine für alle gültige Lösung die richtige oder die ideale. Aber eines ist allen Eigentümer-Unternehmern gemeinsam: ihre Verantwortung für das, was sie geschaffen haben, für das Unternehmen, für die Familie, für die Arbeitsplätze der Mitarbeiter.

Es gibt ja drei Arten von Stiftungen. Gemeinnützige Stiftungen, Unternehmenserhaltungsstiftungen und Familienstiftungen. Ich habe mich bewusst für das Modell Familienstiftung entschieden, weil ich das Vermögen in der Familie erhalten will. Den Zweifeln an diesem Modell kann man die positiven Beispiele aus anderen Familienunternehmen entgegenhalten.

Die Modelle Zeiss, Mahle oder Bosch sind nicht das, was ich mir für meine Familie vorstelle. Sie behält das Eigentum. Wir haben Absprachen und Verpflichtungen für das Erbe, mit denen wir die Führungsstruktur, die Führungswege und die Entscheidungsprozesse so geregelt haben, dass nach heutiger Sicht der Zerfall der Familie in gegnerische Lager und des Konzerns in zersplitterte Teile verhindert wird. Die gemeinnützige Seite bilden wir über die gemeinnützige Stiftung Würth ab. Diese Stiftung wird von den Unternehmen des Konzerns gespeist, und ich glaube, das hat sich ganz gut bewährt.

Von Anfang an war es für mich wichtig, das zu verhindern, was ich allzu oft in der Presse gelesen habe und in der Lebenserfahrung bestätigt fand. Dass nämlich ganze Familien im Erbfall zu streiten anfangen, untereinander zu Feinden werden und über Generationen dauernde Händel entstehen, sich gar die Familien oft nur noch vor Gerichten treffen. Da fließen dann die Kräfte in die Kämpfe der Stämme statt in den Markt und in das Unternehmen. Das wollte ich meiner Familie auf jeden Fall ersparen.

Ich wollte die Gruppe auch nicht den Zufälligkeiten der Familienentwicklungen überlassen. Meine Vorstellung ist, dass die Würth-Gruppe weiterhin als Familienbetrieb zu führen und auszubauen ist.

Die Lebenserfahrung zeigt, wie gesunde und prosperierende Familienunternehmen in der zweiten, dritten oder vierten Generation verkauft werden müssen, nur weil ein Teil der Erben den Betrieb als Melkkuh betrachtet oder Kasse machen will, oft aus kurzsichtigem Eigeninteresse.

So habe ich die Lösung mit den Familienstiftungen erarbeitet, habe das ganze Vermögen in die Familienstiftungen gelegt und damit der Familie signalisiert: Den physischen Wert bekommt ihr nie in die Hand. Ihr könnt nicht darum streiten, ob jemand zu wenig oder jemand zu viel bekommen hat. Das Vermögen ist in den Stiftungen vor der Familie abgeschottet. Das ist ein großes Asset.

Mit meinen beiden Töchtern habe ich sogar Verträge über den Verzicht auf Pflichtanteile abgeschlossen. Das war wichtig für die ersten zehn Jahre nach der Gründung der Stiftungen, wenn mir in dieser Zeit etwas passiert wäre. Dann hätten die Töchter wenigstens den Anspruch auf Pflichtanteile geltend machen können. Das wiederum hätte die Unternehmenssubstanz gefährden können. Heute hat das keine Relevanz mehr, weil die zehn Jahre längst vergangen sind. Die Problematik der Pflichtanteile hat sich aufgelöst.

Ein anderes Anliegen war für mich natürlich, die Familie gut zu versorgen. Ich will ein guter Vater, Großvater, Urgroßvater sein. Diesem Wunsch konnte ich in den Stiftungssatzungen gut nachkommen. Die Familienmitglieder sind Destinatäre der Stiftungen. Als Stiftungsaufsichtsratsvorsitzender spreche ich mit den Familienmitgliedern die jährlichen Destinatärleistungen ab, die dann vom fünfköpfigen Stiftungsaufsichtsrat beschlossen werden.

Was das Management angeht, habe ich den Beirat geschaffen. Der Beirat hat eine präzis ausgearbeitete Satzung. Es wird definiert, wer Beiratsmitglied werden kann; es sind Altersgrenzen festgelegt. Der Beirat hat neun Mitglieder. Fünf werden durch die Familie bestellt. Der Beirat hat die Aufgabe, die Geschäftsführer der Würth-Gruppe zu beraten und zu überwachen. Er entscheidet über Berufung und Abberufung von Geschäftsführern der Gesellschaften der Würth-Gruppe.

Unbeschadet aller internen Regelungen – nach außen sind Sie weiterhin der unangefochtene Patriarch, der allein durch seine Präsenz als Person prägend und integrierend wirkt.

Also jetzt zu meiner Nachfolge. Aus meiner Sicht bin ich deutlich in den Hintergrund getreten. Das wird vielleicht noch nicht ganz wahrgenommen. Wir kennen das aus fast allen Lebensbereichen: Veränderungen in der Gesellschaft brauchen oft Jahre, bis sie der Öffentlichkeit bewusst werden. Auch beim Blick auf den Würth-Konzern – egal, ob aus interner oder externer Sicht – braucht es Zeit, um das Aha-Erlebnis eintreten zu lassen: Der Alte ist ja schon gar nicht mehr ganz vorn an der Spitze.

Schwer vorstellbar, dass Sie im Zweifelsfall nicht eingreifen. Sie sind Vorsitzender des Stiftungsaufsichtsrats – haben Sie nicht allein dadurch in allen wichtigen Angelegenheiten das letzte Wort?

Alle für das Unternehmen wichtigen Entscheidungen spielen sich in einer klaren Struktur ab, in der Kompetenzen, Aufgaben, Berufungen und Abberufungen festgelegt sind. Wir haben dafür ein Regelwerk, das wir Kompendium nennen. Man könnte es auch das Regelhandbuch für die Würth-Gruppe nennen. Es schließt die Familie ein, die als Kapitaleigner ihre Rechte auf die Familienstiftungen übertragen hat. Die Familie entscheidet nach festgelegten Regeln über drei der fünf Sitze im Stiftungsaufsichtsrat und fünf der neun Sitze im Beirat der Würth-Gruppe. In beide Gremien sind also nicht zur Familie gehörende Mitglieder einbezogen. Ihre Berufung erfolgt nach den im Kompendium festgelegten Regeln. In den Stiftungsaufsichtsrat kommt je ein Familiensitz vom Stamm meiner Tochter Marion, einer vom Stamm meiner Tochter Bettina, den Dritten müssen sie miteinander ernennen. Wenn sie keine Lösung finden, macht das der Chef des Oberlandesgerichts Stuttgart. In der Hierarchie steht obenan der Stiftungsaufsichtsrat, gefolgt vom Beirat, der wie ein Aufsichtsrat die Geschäfte kontrolliert und über Budgets und Investitionen entscheidet. Das operative Management obliegt der Konzernführung und den Geschäftsbereichsleitungen. Die familienfremden Mitglieder im Stiftungsaufsichtsrat und Beirat sind von mir testamentarisch bestimmt und kooptieren später ihre Nachfolger selbst.

Wie viel Macht haben Sie sich – auch formal – vorbehalten?

Zu meinen Lebzeiten habe ich noch Rechte, die es nach mir so nicht mehr geben wird. Das hat sich bei der Ausgestaltung aller Vorsorge für die Zeit nach mir bewährt. Ich habe mir schon vor achtundzwanzig Jahren, als wir die Familienstiftungen gründeten, vorgestellt, dass ich eines Tages – sozusagen als Beobachter – sehe, wie das Unternehmen sich nach mir und ohne mich weiterentwickelt. Ich wollte aber trotzdem noch adjustieren können. Also der Wunsch war klar: Das Unternehmen geht von mir weg – besser gesagt, ich gehe aus dem Zentrum des Unternehmens.

Ich wollte aber hier und dort noch eingreifen können. Und das ist in der Praxis tatsächlich so geschehen.

Das vorhin erwähnte Kompendium über die Rechtsstruktur der Würth Gruppe habe ich mit Notaren, Wirtschaftsjuristen, Finanzfachleuten usw. erarbeitet. Alles wurde ausführlich diskutiert und dann verabschiedet. Trotz aller Sorgfalt und Kompetenz der Beteiligten hat sich dann im Laufe der Zeit die eine oder andere Lücke im Text gezeigt. Da konnte ich dann immer noch eingreifen.

Ein Beispiel: Für den Verkauf von Unternehmensteilen oder die Aufnahme von Beteiligungen usw. sind recht präzise Regelungen vorgesehen. Es war aber kein Wort erwähnt über die Verpachtung von Unternehmen. Das heißt, man hätte diese Lücke nutzen und die Adolf Würth KG an weiß ich wen verpachten können, mit dem gesamten aktiven Geschäft. Man hätte sagen können: Das ist ja nicht ausdrücklich verboten. Ich habe nach der Feststellung dieser Lücke in den Text die Vorschrift aufnehmen lassen, dass die Verpachtung von Betrieben oder von Betriebsteilen der Zustimmung des Beirats und des Stiftungsaufsichtsrats unterliegt. Für kleinere Volumen genügt die Entscheidung des Beirats; wenn es dann größere Volumen sind, ist auch der Stiftungsaufsichtsrat stark gefordert und in der Verantwortung.

Theoretisch kann das Unternehmen auch verkauft oder in eine Aktiengesellschaft umgewandelt werden. Dann ist ein einstimmiges Votum des Stiftungsaufsichtsrats erforderlich. Bei einer so gravierenden Entscheidung müssen also auch die Familienfremden einverstanden sein. Die nicht zur Familie gehörenden Stiftungsaufsichtsräte sind aber nicht in erster Linie dem Familienwohl verpflichtet, sondern genauso dem Unternehmen und seinen Mitarbeitern. Ich glaube, das ist ein ausgewogenes Kräfteverhältnis, das am Ende immer wieder zu vernünftigen Lösungen führt.

Eine wichtige Erfahrung aus dem Steuerstrafverfahren hat mich ebenfalls zu einer Änderung des Kompendiums bewogen. Zunächst war im Stiftungsaufsichtsrat und im Beirat für die Familie keine Mehrheit der Sitze vorgesehen. Die Erfahrungen mit externen Beratern in meinem Steuerstreit haben mich dann veranlasst, in den beiden wichtigsten Gremien der Familie die Macht zu sichern.

Vorsitzende des Beirats ist Ihre Tochter Bettina Würth. Sie steht aber im Schatten Ihrer starken Präsenz im Unternehmen und in der Öffentlichkeit.

Das mag nach außen so erscheinen. Intern ist meine Tochter im Unternehmen richtig präsent. Letzte Woche hatten wir unsere Betriebsversammlung für die Adolf Würth KG. Das hat die Beiratsvorsitzende zusammen mit dem Sprecher des Managements, Herrn Friedmann, und mit Herrn Zürn auf der Bühne geleitet. Da wird in der Praxis gelebt, dass sie den Beiratsvorsitz hat und damit die Nummer eins im Konzern ist. Wir haben bei dieser Gelegenheit auch gefeiert, dass Bettina seit dreißig Jahren im Betrieb ist.

Der Vertrauensrat ist eine Besonderheit der Würth-Gruppe. Es gibt keinen Betriebsrat. Sie haben aber an anderer Stelle unserer Gespräche betont, dass Sie nicht grundsätzlich gegen Betriebsräte sind. Wie verhält sich der Vertrauensrat in der Phase des Übergangs der Führung von Ihnen auf Ihre Tochter?

Der Übergangsprozess wird auch vom Vertrauensrat wohlwollend gesehen. Es wird geschätzt, dass die Familie in der nächsten Generation an der Spitze ist. Das Wissen, in einem Familienunternehmen zu sein, gibt den Mitarbeitern Sicherheit. Sie wissen, dass wir nicht verkaufen und dass damit eine hohe Sicherheit für die Arbeitsplätze verbunden ist.

Wie funktioniert der Vertrauensrat?

Das ich hoch demokratisch. Wir haben alle vier Jahre Vertrauensratswahl. Die 27 Mitglieder kommen aus allen Bereichen, aus dem Außendienst, Lager, aus der kaufmännischen Verwaltung usw. Es gibt immer etwa doppelt so viele Kandidaten oder manchmal auch mehr, als gewählt werden. Da wird geheim abgestimmt, es wird unter Zeugen ausgezählt. So konstituiert sich dieser Vertrauensrat als demokratisches Gremium. Nur mit dem Unterschied, dass wir nicht, wie im Betriebsverfassungsgesetz für die Betriebsräte vorgegeben, so und so viele Leute freistellen. Die Mitglieder des Vertrauensrats schaffen weiter an ihren normalen Arbeitsplätzen, stehen jedoch immer dann zur Verfügung, wenn jemand Schwierigkeiten oder Probleme hat.

Beispiel: Ich habe heute Morgen ein Gespräch mit etwa 25 Mitarbeitern aus den unterschiedlichsten Betriebsbereichen bei der Würth KG geführt. Da war niemand von der Geschäftsleitung dabei – aber der Vertrauensratsvorsitzende.

Wir halten jedes Jahr eine große Betriebsversammlung, die vom Vertrauensrat organisiert wird. Der Vorsitzende des Vertrauensrats eröffnet diese Veranstaltung. Da sind fast 2.000 Leute in der Halle. Die Unternehmensführung berichtet über den Geschäftsgang usw., wie es andernorts die Geschäftsleitung in einer Sitzung eines Betriebsrats oder einer Betriebsversammlung macht.

Die ganzen Lohnverhandlungen, Betriebsvereinbarungen über Weihnachtsgeld und Urlaubsgeld – das wird alles mit dem Vertrauensrat behandelt und vereinbart. Darüber gibt es dann Betriebsvereinbarungen.

Die haben ähnliche Formen und Inhalte wie ein Tarifvertrag?

Wir halten uns traditionell seit Jahrzehnten ziemlich genau an den Tarifvertrag der IG Metall. Wenn es dort eine Lohnerhöhung gibt, vollziehen wir das umfassend nach. Das ist sicher die Antwort auf die Frage, warum wir keinen Betriebsrat haben: Wir gehören vom Betriebstyp her mit unserem Schwerpunkt als Handelsunternehmen eigentlich zum Bereich der früheren Gewerkschaft Handel, Banken und Versicherungen, heute zu Verdi. Die Stundenlöhne dort sind niedriger als bei den Verträgen der IG Metall. Wenn nun die Anforderung käme, wir sollten einen Betriebsrat bilden, voll dem Gesetz entsprechend, dann können die Mitarbeiter ihn bekommen – aber mit der Konsequenz: drei Jahre lang horizontaler Lohnstopp, so lange, bis der Tarifvertrag von Verdi auf die Höhe nachgekommen ist, die der IG-Metall-Vertrag heute schon hat. Also, die Leute würden sich auf drei Jahre einen dramatischen Nachteil einhandeln, wenn sie einen Betriebsrat wollten. Das ist vielleicht eine Bremse, die erklärt, weshalb man das nicht tut.

Wenn Sie heute zu so einer Vertrauensratssitzung gingen und nicht wüssten, dass das unser Vertrauensrat ist, würden Sie gar nicht merken, dass das kein Betriebsrat ist. Da wird konfrontativ verhandelt und gesprochen. Wir haben bloß den großen Vorteil, dass nicht jeder mit dem Betriebsverfassungsgesetz herumwedelt – nicht der Vertrauensrat, nicht die

Geschäftsleitung. Wir können die meisten Dinge schnell und informell im Konsens miteinander regeln.

Auch vertrauensvolles und zuverlässiges Zusammenspiel zwischen externem Management und der Familie als Eigentümer braucht regelmäßige Praxis, die von beiden Seiten her gelebt werden muss. Haben Sie dafür Vorgaben gesetzt?

Die Vorgaben stehen in dem schon erwähnten Kompendium, das nicht nur die Rechtsstruktur festlegt. Vom Investitionsplan über die Unternehmensplanung bis zu Verfahren in wichtigen Personalangelegenheiten sind Regeln aufgestellt. Das sind alles Angelegenheiten, die vom Beirat genehmigt werden müssen. Das ist in anderen Unternehmen auch so. Das wird bei uns mit meiner Tochter an der Spitze so gelebt. Der Beirat ist recht lebendig und manches Mal sehr, sehr kritisch.

Kann man sagen, dass sich die Macht, die sich auf Ihre Präsenz im Unternehmen konzentriert hat, jetzt auf den Beirat verlagert?

Ja, natürlich. In den Beirat und in den Stiftungsaufsichtsrat. Wenn ich heute sterbe, passiert nicht viel. In der Rechtsstruktur schon gar nicht. Da wird auch nicht Erbschaftssteuer so anfallen, dass die Familie Verkäufe tätigen muss. Das ist alles schon erledigt. Ich habe 2010 für die Stiftungen einen vorgezogenen Erbgang gemacht, so dass diese 30 Jahre Ruhe haben – bis 2040. Was dann ist, können wir alle nicht wissen.

Wichtig ist: Im Fall des Falles sind das Management und die Aufsichtsgremien funktionsfähig und präsent, sie arbeiten strikt nach dem Reglement. Wir haben drei Beiratssitzungen pro Jahr. Wenn irgendwie außerplanmäßig ein Firmenkauf möglich wird, dann geht es darum, kurzfristig zu entscheiden. Dann wird in solchen Fällen vom Beirat im Umlaufverfahren entschieden. Vielleicht zwei- oder dreimal ist es vorgekommen, dass man eine Sondersitzung einberufen musste. Das war so, als wir die Uni-Elektro gekauft haben, den starken Elektrogroßhändler.

Wir sind gerade an einem Zukauf, den ich gerne machen möchte. Auch ich brauche dann den Beirat. Der hat im ersten Anlauf so zögerlich gehandelt, dass ich den Antrag zurückgezogen habe. Faktisch wurde ich überstimmt. Ich habe aber weiter an dem Projekt gearbeitet, die Entscheidungsgrundlagen verfeinert. Erst im zweiten Anlauf ist es dann gelungen, dass der Beirat zugestimmt hat.

Ich will und kann es mir nicht leisten, den Beirat zu übergehen. Ich halte mich an die Regeln, die ich selbst aufgestellt habe. Ich will den Beispielen, in denen in Familienunternehmen Beiräte zurückgetreten sind, kein weiteres hinzufügen. Das wäre mir mehr als peinlich, wenn über uns so etwas in der Presse stünde. Also: Der Beirat hat Macht, die er auch sehr wohl auslebt und die ich respektiere. Das ist natürlich in der Öffentlichkeit nicht ganz so präsent.

In der Öffentlichkeit dominiert das Bild: Da ist der Herr Würth, und der macht alles, wie er es will ...

Das stimmt überhaupt nicht.

Nach außen sind Sie Würth und Würth sind Sie ...

Das ergibt sich alleine durch die Kunstaktivitäten. Ich gehe schon davon aus, dass auch nach mir das Unternehmen aus dieser Kombination von Verbundenheit mit der bildenden Kunst und dem Unternehmensziel sein gutes Ansehen erhält und stärkt. Daraus entstehen Sympathiewerte in der Öffentlichkeit, die es zu pflegen gilt. Schließlich ist das ja nicht nur ein Hobby von mir. Wir tun etwas für die Gesellschaft, in der und mit der wir leben und wirtschaften. Das verstehe ich philanthropisch – und zugleich als Nutzen fürs Unternehmen.

Sie haben einmal bei einer Ausstellungseröffnung gesagt, Sie seien Kaufmann auch dann, wenn Sie Kunst kaufen.

Ich habe eine kleinere private Kunstsammlung. Aber die meisten Werke der Sammlung Würth gehören den Unternehmen, sind also Teil des Betriebsvermögens. Das entspricht unserer Philosophie, unsere Arbeitsstätten auch zu Orten mit kultureller Ausstrahlung zu machen. Wir haben unsere Arbeitswelt mit der Welt der Kunst verbunden. Unsere Mitarbeiter erleben Kunst an ihren Arbeitsplätzen. Und in den Foren und Museen machen wir unsere Kunstsammlung der Öffentlichkeit zugänglich. Das ist Teil unserer Unternehmenskultur.

Jedes Jahr erleben in diesen Foren und Museen zehntausende Besucher die Freude an bildender Kunst. Die Marke Würth wird in hohem Maß durch den Kunstsammler Würth persönlich geprägt. Und auch durch die in der Öffentlichkeit wirkende Identifikation des Sammlers mit den Museen und Foren. Bleibt das Ihr idelles Vermächtnis im Sinne einer über Ihre Zeit hinausgehenden Verpflichtung?

Das kann man so sagen. Es bleibt ein Auftrag auch für die Familie, dieses so zu erhalten. Das ist eine starke Bindung. Wir fördern damit dort, wo wir mit unseren Unternehmen tätig sind, die regionale Kultur. Wir bringen Weltkultur in die Regionen. Das ist ein Merkmal der Würth-Unternehmenskultur. Sie ist philanthropisch, aber auch positiv für die Positionierung der Firmen in ihren Märkten. Man kann ruhig sagen: Meine Freude am Sammeln von Kunst hat dem Geschäft nie geschadet. Das fördert die Sympathiewerte in der Öffentlichkeit. Das sollte man natürlich auch weiterhin pflegen.

Sie haben ein Modell, das sich von den Verfahren anderer großer Sammlungen wie zum Beispiel Marx in Berlin oder Sprengel in Hannover wesentlich unterscheidet. Sie haben keine Stiftungen, die Ihre Sammlungen mit öffentlichen Museen vereinen. Weshalb haben Sie einen anderen Weg gewählt

Die Kunstsammlung ist explizit Firmeneigentum, und sie soll es auch bleiben. Das habe ich bewusst gemacht, weil ich den Wert der Kunstsammlung als Haftungskapital im Unternehmen halten will. Die Ankäufe werden aus Firmengeldern finanziert. Die Museen stehen auf Firmengelände und sind mit den Firmen verzahnt. Das wird auch nach meiner Zeit so bleiben. Da ist es nicht widersprüchlich, den Kauf von Kunstwerken auch unter dem Aspekt ihres materiellen Wertes zu sehen.

Auch darin zeigt sich unsere Firmenphilosophie. Wir arbeiten im Ambiente von Kultur. Schon allein deshalb wäre es fatal, wenn das jemand auseinanderreißen würde. Das kann sich niemand leisten.

Sie entscheiden jetzt über Ankäufe. Sie setzen die Akzente. Ohne Sie wäre die Holbein-Madonna nicht aus der Schirn in Frankfurt am Main in die Johanniterkirche in Schwäbisch Hall umgezogen. Wo bleibt die Kontinuität?

Die Beiratsvorsitzende, meine Tochter Bettina, ist in unserem Kunstbeirat. Ich könnte mir vorstellen, dass meine Enkeltochter Maria einmal die Leitung der Sammlung übernehmen könnte, die jetzt bei unserer Direktorin Sylvia Weber liegt. Maria studiert Kunstgeschichte. Bettina ist kunstaffin, sie sammelt Kunst. Sie hat eine ganze Reihe Künstler angekauft, die auch in der Firmensammlung präsent sind.

Wird Kompetenz von Ihnen auf den Kunstbeirat übergehen?

Der Kunstbeirat hat Kompetenz – schon jetzt. Er tritt regelmäßig zusammen. Ich war vor ein paar Tagen in Karlsruhe, habe den ganzen Tag bildende Künstler besucht und auch Kunst gekauft. Das sind die kleineren Sachen, die ich ohne den Beirat entscheide.

Aber wenn es um substantielle Sachen geht, wie etwa um Werke, die 500.000 Euro und mehr kosten – das mache ich dann grundsätzlich nur mit Zustimmung des Kunstbeirats. Auch das könnte ich selbst machen, aber es ist für mich auch eine gewisse Sicherstellung, dass die Entscheidung richtig ist. Ich bin Kaufmann auch dann, wenn ich Kunst kaufe. Wobei ich nirgends in einem Aufsichtsgremium so viel Varianz feststelle wie in diesem Kunstbeirat. Künstler sind halt Künstler, und das ist ganz selten, dass es einmal eine einstimmige Entscheidung gibt.

In der griechischen Antike taucht immer wieder Zeus als der Allgegenwärtige auf. Zeus, der regelmäßig in die Welt geht und für Ordnung sorgt. Folgen Sie dem Modell Zeus, indem Sie regelmäßig auf der ganzen Welt in Ihren Unternehmen Präsenz zeigen?

Was heißt das? Sie wollen mich doch nicht mit Zeus vergleichen, oder?

Sind Sie nicht manchmal in einer vergleichbaren Rolle zu sehen? Sie identifizieren sich auch in Ihrem 80. Lebensjahr mit Ihrem Unternehmen. Sie bringen Ihre Dynamik und Ihre Energie jeden Tag in den Konzern ein. Strapazieren wir den Göttervergleich nicht weiter. Können Sie sich mit dem Bild des Patriarchen besser getroffen finden?

Das kommt darauf an, welches Bild Sie mir vorhalten. Wollen Sie einfach, dass ich in den Spiegel schaue? Oder welches Bild von einem Patriarchen haben Sie denn vor Augen?

Ich entnehme eine Beschreibung, die ich zutreffend finde, dem Buch „Die Psyche des Patriarchen", das ebenfalls bei Frankfurter Allgemeine Buch erschienen ist. Dort wird der Unternehmenspatriarch nach dem Vorbild des Familienpatriarchen als Vaterfigur definiert. Er hat die Zügel in der Hand, achtet auf die konsequente Einhaltung seiner Anweisungen und zeigt, bei aller Strenge, in seinem Handeln väterliche Milde und Nachsicht, sieht in der Beurteilung eines Mitarbeiters stets den ganzen Menschen.

Ich richte mich nicht nach einem klischeehaften Schema. Ich lasse mich da auch nicht hineinbugsieren. Mein Rollenverständnis als Unternehmer hat mit meinem Verständnis von Verantwortung zu tun. Wenn sie mich aus meiner Verantwortung als Patriarchen verstehen, widerspreche ich nicht.

Es sind immerhin 66.000 Arbeitsplätze, die zu sichern und zukunftsfähig zu machen sind. Außerdem macht es schlicht und einfach Freude, mit dem Unternehmen zu leben. Ich habe manchmal gesagt, das Unternehmen ist meine elektrische Eisenbahn. Nicht, dass ich das Unternehmen als Spielzeug sehe. Aber die Faszination, die ich als Kind empfand, wenn auf der Gleisanlage zwei oder drei Züge gleichzeitig gefahren sind, ohne zusammenzustoßen, kann auch ein Unternehmen auf den Erwachsenen ausüben, wenn es als ein großes Werk des Zusammenwirkens vieler Menschen in einer gut funktionierenden Organisation verstanden wird.

Wir sind ein Unternehmen mit vielen Facetten. In einem gewissen Sinn sind wir ein Mischkonzern geworden. Wir sind nicht nur auf Schrauben und Befestigungsmaterial spezialisiert. Vor wenigen Tagen haben wir das neue Gebäude von Würth Elektronik in Waldzimmern eingeweiht. Der Konzern hat ganz andere Dimensionen als früher, als er in einer gewissen Eindimensionalität feststeckte. Heute geht es viel mehr als früher um Technik, Materialphysik, Chemie. Da kann ich als Kaufmann nicht so viel mitreden. Wir sind heute ein blumiges Konglomerat geworden. Wenn das alles gut zusammenspielt, wenn ein sauberes Betriebsergebnis herauskommt und das Unternehmen eine tolle Bilanz hat, dann ist das einfach schön.

Stört es Sie, wenn Sie in den Medien immer noch als Schraubenkönig bezeichnet werden?

Sie werden da auch dickfellig! Am Anfang habe ich mich über so einen blöden Ausdruck schon richtig geärgert. Aber Sie kriegen das nicht weg; und so muss man es halt hinnehmen.

Ein Wirtschaftswissenschaftler hat gesagt: Man wird nicht zum Unternehmer, sprich auch zum Patriarchen, geboren, sondern wächst in einem komplexen Prozess in die Rolle hinein. Stimmen Sie zu?

Man wächst in die Rolle hinein, ja. Ob das ein komplexer Prozess ist, das weiß ich nicht. Das ergibt sich im Grunde automatisch. Das ist, als wenn Sie sagten: Ein Baum wird in einem komplexen System groß. Der Baum wächst halt von sich aus dem Licht zu.

Nur dann, wenn er das dafür notwendige Gen in sich hat. Noch ein Zitat: „Der direkte Kontakt zu den Arbeitern und den Angestellten ist für einen Patriarchen sehr wichtig."

Entschuldigung. Die Unterscheidung zwischen Arbeitern und Angestellten habe ich nicht gerne. Das ist aus einer anderen Zeit. Ich spreche von Mitarbeitern.

Also Mitarbeiter. Das Zitat war noch nicht zu Ende. Dieser Kontakt mit den Mitarbeitern „setzt die ständige Präsenz des Chefs voraus."

Ich bin nicht ständig präsent. Zwei bis drei Monate im Jahr bin ich weg – auf Reisen.

Auch wenn Sie auf Reisen sind, praktizieren Sie durch Ihre Briefe eine ständige Präsenz. Das hat eine faszinierende, eine fast anachronistische Komponente. Die Briefschreiber werden heute immer seltener. Heute wird gemailt und getwittert, was das Zeug hält. Das Regieren durch Briefe fällt aus der Mode.

Ja, das ist richtig. Ich hänge am Papier, obwohl ich die neuen Kommunikationsmittel selbst nutze – selektiv und gezielt.

Machen Sie handschriftliche Notizen?

Ich habe Diktiergeräte. Ich schreibe mir nichts auf. Ich diktiere, möglichst gleich schriftreif. Manchmal eine Art Tagebuch. Immer aber Briefe, jeden Tag.

Wieviel tausende oder zigtausende Briefe haben Sie schon geschrieben?

Wir sind jetzt im Bereich der 150.000. Alle Briefe werden durchnummeriert. Ich weiß nicht mehr, wann genau wir damit angefangen haben. Das wissen vielleicht meine Sekretärinnen.

Das könnte ein eigenes kleines Buch werden: Management by Letters.

Ich habe als Lebenserfahrung gelernt: Schriftlichkeit ist unendlich wichtig. Das fing ganz einfach an. Da kamen Mitarbeiter, die behaupteten, ihnen sei mehr Gehalt oder ein größeres Auto versprochen worden. Ich konnte mich an solche Zusagen aber nicht erinnern. Dann habe ich eingeführt, dass ich alle wichtigen Dinge in Briefen schriftlich fixiere. Denn alles, was schriftlich ist, das ist nachprüfbar und hat Gültigkeit. Seitdem habe ich Ruhe vor – naja, sagen wir einmal Missverständnissen. Ich habe nie mehr Probleme, dass einer kommt: Sie haben mir dies oder jenes zugesagt. Das Schriftliche schafft Ordnung, erhält Ruhe und Frieden und Harmonie. Deshalb möchte ich die Briefform auch in den Zeiten von Mails und Twitter und Facebook, und was es sonst noch gibt, nie missen.

Das hat etwas mit unserer Lebenserfahrung, mit unserem Alter zu tun. Aber übernehmen das die Jüngeren auch? Die Jüngeren tun sich sehr schwer, überhaupt noch Briefe zu schreiben.

Die müssen mir ja antworten. Unter achtzig Prozent meiner Briefe steht: Antwort erbeten bis dann und dann. Ich gebe, je nach Problematik, bis zu vierzehn Tage Zeit.

Und Sie erwarten eine Antwort als Brief, nicht als E-Mail?

Notfalls akzeptiere ich heute auch eine E-Mail. Aber lieber ist es mir, wenn ich einen schönen Brief erhalte, mit Briefkopf und Unterschrift. Das muss nicht so ausgeprägt sein, wie man das in den neunzehnhunderter Jahren hatte.

Wir haben ja ein großes Firmenarchiv. Kürzlich habe ich bei unserer Tochtergesellschaft Arnold Umformtechnik – der Betrieb ist 117 Jahre alt – alte Dokumente der Buchhaltung angeschaut. Das ist eine Augenweide, wenn sie diese Rechnungsformulare von 1898 und 1919 sehen! Da ist ein Drittel eines DIN-A4-Blattes nur der Kopf, der Firmenname schön im Halbkreis geschrieben und darunter dann das Firmenareal abgebildet. Da erzählt ein Blatt aus der Buchhaltung in liebevoller Ausgestaltung etwas über die Firma. Wo gibt's denn heute noch so was? Oder diese Ästhetik der Handschriften in früheren geschäftlichen Briefwechseln?

Da schwingt die Nostalgie mit, die für unsere Generation eine permanente Versuchung ist.

Ich bin pragmatisch. In einem Unternehmen gibt es kein Zurück zu Tintenfass und Feder. Wenn ich an einem wichtigen Ereignis im Unternehmen nicht teilnehmen kann, mache ich oft ein Video, das dann bei dem entsprechenden Anlass abgespielt wird. Auch das trägt zum Eindruck bei, ich sei gut präsent.

Umso auffälliger wird es sein, wenn Ihre persönliche Präsenz nicht mehr sein kann, weil Ihre Lebenszeit zu Ende geht. Aus dem Jenseits gibt es keine Videobotschaften.

Es gibt das, was man hinterlässt. Ich meine das nicht materiell. Ich meine die Grundsätze, die man in einem Unternehmen gelebt hat, für die man Mitarbeiter gewonnen hat, die intern und extern anerkannt wurden, die sich bewährt haben und dadurch Bestand behalten. Zumindest wünscht man sich das so. Darin erhält das, was ich unter Verantwortung verstehe, eine über mich hinaus gehende, zeitlose Dimension. Zur unternehmerischen Verantwortung gehört es auch, dauerhaft gültige und praktikable Grundsätze so zu vermitteln, dass sie über die eigene Lebenszeit hinaus wirken können. Wir haben solche Grundsätze. Jeder kann sie im Internet nachlesen.

Diese Grundsätze sind sehr weit gespannt – von der Mahnung, mit dem Unternehmen immer Gewinn zu machen, bis zur Benimmregel, die freundlichen Umgang miteinander verlangt. Welche Verbindlichkeit haben solche Vorgaben, die Sie hinterlassen?

Ein Unternehmen ist keine pädagogische Veranstaltung. Es ist ein lebendiger Organismus, der sich entwickelt und verändert. Die Grundsätze, die wir in unserer Firmenphilosophie zusammengefasst haben, binden alle Gliederungen und Mitarbeiter an Werte, an denen wir uns bei unserer Arbeit orientieren wollen und sollen. Das sind sozusagen Maßstäbe zur Selbstprüfung und Selbstvergewisserung. Die Firmenphilosophie ist für alle Konzernfirmen im In- und Ausland verbindliches Firmenrecht. Das ist so in dem erwähnten Kompendium festgelegt.

Ein Beispiel steht in den Grundsätzen: Das Management der Würth-Gruppe ist nicht auf autoritäre Führung, sondern auf Kooperation ausgerichtet. Aber daneben steht auch deutlich, dass die Geschäftsleitung aus ihrer Verantwortung für Erhaltung und Substanzsicherung der Würth-Gruppe nach dem kooperativen Prozess der Meinungsbildung die Letztentscheidung zu treffen hat.

Ein anderes Beispiel: Wir praktizieren eine dezentrale Führung in allen Bereichen. Aber: Wer erfolglos ist, muss Kompetenzen abgeben. Unsere Erfolgsorientierung folgt dem Gebot: „Je größer die Erfolge, desto höher die Freiheitsgrade."

So wichtig die Regeln für die zwischenmenschlichen Umgangsformen sind, die wir im Unternehmen praktizieren wollen, so sehr lehrt die Lebenserfahrung, dass elementare Postulate zu leicht vergessen werden, wenn sie nicht immer wieder in Erinnerung gerufen werden. Deshalb habe ich die Ausgangsposition für den wirtschaftlichen Erfolg klar markiert. Man kann das auch eine ordnungspolitische Orientierung nennen.

Auch wenn es wie eine Selbstverständlichkeit klingt, steht den Grundsätzen in einer Präambel voran, dass jedes Unternehmen Gewinn erwirtschaften muss. Das ist sehr deutlich formuliert und begründet: „Die Leistungsgesellschaft der westlichen Welt erzwingt den Einsatz der Faktoren Arbeit, Kapital und Rohstoffe dort, wo die höchste Rendite zu erwarten ist. Der seitherige Erfolg unseres Aufstiegs ist mit dieser Ideologie untrennbar verbunden." Damit ist die Basis unseres Wirtschaftens dargestellt.

Das wird auch im Hinblick auf die Zeit nach mir konkretisiert: „Höchste Priorität für jede Aktivität in der Würth-Gruppe bleibt auch in der Zukunft die Verbesserung der Rentabilität und die Erhöhung des Gewinns. Nur über den Firmengewinn können neue Mittel für Investitionen zur Verfügung gestellt und das Wachstum unserer Gruppe gesichert werden. Wachstum ohne Gewinn ist tödlich." Auch wenn das nicht direkt in unseren Leitlinien steht: Ich stimme dem Schweizer Unternehmer Nicolas Hayek zu, der gesagt hat: „Nicht die Großen fressen die Kleinen, sondern die Schnellen die Langsamen."

Wir beschreiben auch unser ordnungspolitisches Selbstverständnis in der pluralistischen, also der liberalen Gesellschaft: „Die Würth-Gruppe fühlt sich den Grundsätzen einer freiheitlich demokratischen Bürgergesellschaft und der sozialen Marktwirtschaft verpflichtet."

Mich selbst habe ich immer als Teil der Bürgergesellschaft gesehen. Das möchte ich der Familie weitergeben. Deshalb steht in dem Kompendium mein Wunsch an Erben und Nachkommen, dass sie „als tüchtige und geradlinige Bürger" zum Wohl der Gesamtfamilie und des Unternehmens wirken und „sich dem Wohl des Gemeinwesens im Sinne der Sozialverpflichtung des Eigentums verbunden fühlen".

Wie viel Stolz schwingt mit, wenn Sie jetzt, im achtzigsten Lebensjahr, die Ergebnisse Ihrer Lebensleistung immer mehr in andere Hände übergehen sehen?

Ich würde lügen, wenn ich nicht zugeben würde, dass ich ein bisschen stolz bin auf das, was entstanden ist. Aber dabei bin ich mir selbstverständlich im Klaren, dass ich das alleine ja nie hätte machen können. Der Erfolg der Würth-Gruppe hat viele Väter. Ich bin ja auf jeden einzelnen der Mitarbeiter immer angewiesen gewesen und fühle das auch so. Aber in der Umkehrung der Medaille wäre dieses Unternehmen mit seinen 66.000 Arbeitsplätzen wahrscheinlich nicht entstanden, wenn ich nicht da gewesen wäre. Ich nehme für mich in Anspruch, die meisten dieser tüchtigen Männer und Frauen, die heute in Führungspositionen der Gruppe tätig sind, selbst direkt oder indirekt angestellt zu haben.

Sie könnten sich ganz der Kunst widmen, mit Ihrer Yacht die letzten Winkel der Erde entdecken, die Sie noch nicht kennen, die Beschaulichkeit pflegen, in Ihrer Bibliothek lesen, was Sie schon immer lesen wollten – nichts dergleichen. Welche Energie treibt Sie an, im achtzigsten Lebensjahr sich ohne Ermüdung dem Unternehmen zu widmen?

Ich möchte alles in einem Topzustand hinterlassen, wenn ich abtreten muss.

Die Leitlinien

Unsere Vision

Als beste Verkaufsmannschaft
die Nummer 1 beim Kunden werden.

Was uns antreibt

Wir lieben das Verkaufen.
Wir begeistern unsere Kunden.

Unsere Grundsätze

Wir fordern und fördern Leistung.
Je größer der Erfolg,
desto größer die Freiheitsgrade.

Wir sind optimistisch, dynamisch
und durchsetzungsstark.
Wir kämpfen leidenschaftlich
für den Erfolg.

Wir machen alles Erfolgreiche
konsequent weiter und packen
neue Dinge an.

Wir streben nach Perfektion in
jedem Bereich unseres Handelns.

Wir arbeiten verantwortlich
in gegenseitigem Respekt
und handeln geradlinig
und berechenbar.

Unser wichtigstes Wort im Umgang
miteinander heißt „Danke".

(Die Leitlinien sind im Webauftritt der Würth-Gruppe veröffentlicht und in Displays im Unternehmen sichtbar gemacht.)

Kapitel 2
In einer aus den Fugen geratenen Welt

Der Kaufmann muss wissen, was in der Politik läuft

Der Aufruf für eine neue Russlandpolitik / Es gibt wieder Kriegsgefahr in Europa / Friedenszone von Lissabon bis Wladiwostok

Sie sind von Ihrer Natur nicht das, was die Angelsachsen ein „political animal" nennen. Trotzdem gibt es von Ihnen pointierte Einlassungen zur Politik. Aus aktuellem Anlass haben Sie kritisch zur Berliner Außenpolitik Stellung bezogen. Was führt Sie zur Politik?

Als Kaufmann muss ich wissen, was in der Politik läuft. Weil die Würth-Gruppe ihre Geschäfte nicht nur in Deutschland macht, sondern in der ganzen Welt, muss ich mich global über die politische Entwicklung orientieren. Eigentlich regt mich die Ineffizienz der Politik auf – nicht nur der deutschen; auf der ganzen Welt kann man sich über den Leerlauf von Politik ärgern, in dem brennende Probleme ungelöst bleiben. Als liberaler Bürger weiß ich auch, dass man es sich zu leicht macht, über die Politik und die Politiker nur zu schimpfen. Ich muss anerkennen, dass ich als Bürger nicht nur das Recht habe, mich zu Wort zu melden; als Bürger habe ich auch Verantwortung für unseren Staat. Nimmt man diese Verantwortung ernst, muss man aufstehen, wenn etwas schiefläuft.

Sie gehören zu den Kritikern des Westens, die zu einer anderen Politik gegenüber Russland aufgerufen haben. Was hat Sie veranlasst, sich diesem Appell anzuschließen, zu dessen Unterzeichnern Altbundespräsident Roman Herzog und der frühere Entwicklungshilfe-Minister Erhard Eppler gehören?

Nach dem Zusammenbruch der Sowjetunion haben wir doch alle gehofft, dass der Kalte Krieg in Europa von einer Friedensordnung abgelöst wird, in die Russland einbezogen ist. Es ist aber keine neue Ordnung entstanden, sondern in Europa flammen an den Rändern der ehemaligen Sowjetunion bewaffnete Konflikte auf. Ich finde, der Westen hat eine falsche Russlandpolitik betrieben. Die Vision einer großen europäischen Freihandelszone von Lissabon bis Wladiwostok ist einem heißen Konflikt mit Russland gewichen. Deshalb ist das zentrale Anliegen dieses Aufrufs, eine neue Politik gegenüber Russland herbeizuführen. Der Appell macht die Kriegsgefahr deutlich, die aus der Ukraine-Krise entsteht. Die Gefahr, dass es zu einem heißen Krieg zwischen Russland und der Europäischen Union sowie den USA kommen könnte, wird unterschätzt.

Wir haben noch zu wenig wahrgenommen, dass die Welt aus den Fugen geraten ist. Ich berufe mich in dieser Analyse auf den früheren amerikanischen Außenminister Henry Kissinger, der in seinem jüngsten Buch das Fehlen einer neuen Weltordnung beklagt. Er sieht Europa seiner weltpolitischen Verantwortung nicht gewachsen und fürchtet, dass uns eine Zeit droht, in der Kräfte bestimmen, die durch keine Ordnung mehr begrenzt werden. Er stellt eine Diskrepanz fest, zwischen der technisch unbegrenzten, globalen Kommunikationsfähigkeit und wachsenden Informationsdefiziten zwischen Staaten und Völkern.

Im Ukraine-Konflikt wird Wladimir Putin als Inkarnation des Bösen beschuldigt. Man schiebt ihm alle Schuld zu, unbeschadet davon, was objektiv stimmt oder nicht. Auch bei uns wird einseitige Propaganda betrieben, der Normalbürger sozusagen programmiert. Unser Aufruf ist in den Hauptnachrichten unseres Fernsehens verschwiegen oder allenfalls am Rande erwähnt worden. Das haben wir in unserem Gespräch über die Medien erörtert.

Gehen wir zurück zum Fall des Eisernen Vorhangs – damals hat man Russland zugesagt, die Nato wird sich nicht nach Osten ausdehnen. Was hat man gemacht? Man hat Polen aufgenommen, Litauen, Lettland und Estland. Man hat Einflussgebiet von Russland in den Westen geholt. Man muss verstehen, dass aus russischer Sicht daraus Ängste um die eigene Position entstehen. Das ist ein Wortbruch des Westens, und insofern brauchen wir uns da nicht als die Heiligen aufzuspielen. Auch wir sind an diesem Konflikt aktiv beteiligt. Unsere Politiker sind zum Maidan-Platz nach Kiew gereist, haben Versprechungen gemacht, die sie jetzt nicht einlösen können. Die Russen halten uns mit Recht vor, dass sich die Regierung in Kiew, die der Westen unterstützt, an die Macht geputscht hat.

Sie werden von den Verfechtern einer harten Linie gegenüber Russland mit dieser Position in die Schachtel der Putin-Versteher geworfen. Stört Sie das nicht?

Weshalb sollte es? Ich bilde mir meine eigene Meinung und lasse mich nicht von anderen in eine Ecke schubsen, in der sie mich gerne sehen wollen. Da bin ich wie mein Großvater. Ich folge seiner Lebensregel: Tue Recht und scheue niemand!

Sie sprechen bei vielen Gelegenheiten von der Freundlichkeit der russischen Menschen, die bei uns zu wenig Beachtung finde und hinter das Putin-Bild zurücktrete. Woraus beziehen Sie diese Eindrücke? Wird unser Russlandbild von den falschen Leuten gezeichnet?

Natürlich. Ich nehme ein Beispiel. Viele sehen in Salzburg bloß jene Russen, die mit dem Geld um sich schmeißen und eine Bar auseinandernehmen, eine Schlägerei veranstalten oder herumschreien. So entsteht ein irreführender Negativeindruck von Russen.

Wer aber, wie meine Frau und auch ich, Russland durch viele Reisen von St. Petersburg über Irkutsk bis Kamtschatka kennengelernt hat, kommt zu dem Ergebnis: Ich erlebe so viele Menschen warmherzig wie sonst an wenigen Orten der Welt. Die meisten Russen sind gastfreundliche und liebe Menschen, hilfreich, fremdenfreundlich. Auch gegenüber uns Deutschen, obwohl wir in Russland Schlimmes angerichtet haben. Es zeigt sich auch daran: Diejenigen, die wenig reisen, die nicht aus ihrem Dorf herauskommen und nur den Medien folgen, die haben meistens ganz falsche Vorstellungen. Je schneller sie herauskommen, je mehr sie reisen, umso weiter wird der Horizont und umso besser wird auch das Verständnis für die anderen.

Und deswegen heißt es: Wenn wir Europa ohne Dauerkonflikt mit Russland voranbringen wollen, ist eine ganz wichtige Komponente die Förderung des Kennenlernens, des Zusammenwachsens, des Zusammenbauens – auch durch Tourismus.

Ist die Bindung an den Westen weiterhin Garant für unsere Sicherheit unter den heutigen Bedingungen und damit auch unseres Wirtschaftens?

Ganz klar, wir sind und bleiben auch in Zukunft in unserer Sicherheitspolitik Freunde der USA. Indirekt natürlich auch über die Nato. Unsere sicherheitspolitischen Interessen sind am besten im westlichen Bündnis aufgehoben. Deshalb bin ich ein überzeugter Befürworter unserer Mitgliedschaft in der Nato. Es ist überhaupt nicht vorstellbar, dass Deutschland aus der Nato austreten wollte oder könnte. Eine Rückkehr in die alten nationalstaatlichen Vorstellungen militärischer und wirtschaftlicher Alleingänge ist für ein Exportland wie das unsere nicht denkbar. Unser Land hat schließlich aus seinen Irrwegen gelernt, aus seinem Hurra-Patriotismus, mit dem es in den Ersten Weltkrieg gezogen ist. Und aus dem Desaster, in dem der Nationalsozialismus mit seinem Größenwahn endete. Meine Generation und die nachfolgende haben ihre Lektionen gelernt. Wir wissen, wie wichtig es ist, die Amerikaner als Freunde zu haben. Wir müssen nur aufpassen, dass uns das nicht zu träg und bequem macht.

Die Bindung an die USA, die transatlantische Partnerschaft und die Zugehörigkeit zum Westen verlieren, wie Umfragen bei uns beweisen, unter den Deutschen an Zustimmung. Beunruhigt Sie das, gerade weil Sie unsere Zugehörigkeit zur Nato als so wichtig ansehen?

Das ist tatsächlich ein beunruhigendes Phänomen. Es signalisiert allgemeine Unsicherheit über unsere Position in unserer buckeligen Welt. Es signalisiert auch, wie schwer es der Politik fällt, sich verständlich zu machen. Und es signalisiert Defizite in unseren Medien, über die wir an anderer Stelle gesprochen haben. Das kommt auch daher, dass wir uns in Zentraleuropa überhaupt nicht vorstellen können, dass es in Europa wieder eine kriegerische Auseinandersetzung geben könnte.

Selbst jetzt in der Ukraine-Krise habe ich nicht den Eindruck, dass in der Breite der Bevölkerung ein Bewusstsein für die neu entstandenen Gefahren wach geworden ist. Wer denkt schon ernsthaft daran, dass die Spannungen mit Russland, die sich an der Ukraine entzündet haben, bis zu einem heißen Krieg ansteigen könnten? Die Gefahr ist aber real vorhanden.

Deshalb habe ich ja den Appell mit unterschrieben, über den wir eingangs dieses Gespräches geredet haben. Wir warnen davor, den Konflikt zu unterschätzen. Wir warnen davor, Putin und damit Russland Demütigungen zuzumuten, die den dort noch vorhandenen Nationalstolz beleidigen. Muss der amerikanische Präsident die Russen öffentlich demütigen, indem er sie zu einer Regionalmacht herabstuft? Die Russen haben einen ausgeprägten Nationalstolz. Ihr Territorium ist durch die neuen, unabhängigen

Staaten in der Peripherie Russlands kleiner geworden. Aber sie sind doch nicht eine Regionalmacht wie die Schweiz oder Luxemburg geworden.

Ist das nicht eine Einladung an Russland, sich seine alten Einfluss-zonen im ehemaligen Sowjetterritorium zurückzuholen, auch mit militärischem Druck wie in der Ukraine?

Beide Seiten, die Nato und Russland, müssen sich der Grenzen ihrer Macht bewusst sein, müssen wissen, wo sie auf die jeweils andere Seite Rücksicht nehmen müssen. Das gilt auch für die Sanktionen des Westens und die Gegenschläge der Russen. Die EU hat immer noch viele wirtschaftliche Verbindungen mit Russland. Beide Seiten müssten ein Interesse haben, nicht alles zu zerschlagen, was an wirtschaftlicher Kooperation und an gegenseitigem Handel entstanden ist. Ich fürchte, dass eine von niemandem mehr zu bremsende Abwärtsentwicklung in Russland eintreten könnte. Die Sanktionen des Westens treffen nicht nur die Gefolgsleute Putins, die Profiteure seiner Politik, sondern auch das einfache Volk. Denken wir nur an den Wertverfall der russischen Währung. Das kann unkontrollierbare Entwicklungen befördern.

Die Russen haben das Trauma, dass sich das Staatsgebiet seit dem Ende der Sowjetunion drastisch reduziert hat, durch die Abspaltung der Ukraine, Georgiens und der baltischen Staaten. Viele empfinden das als Demütigung. Das darf man nicht übersehen. Ich fürchte, dass durch die Sanktionen des Westens die Konjunktur in Russland immer weiter zurückgeht und die Bevölkerung immer stärker betroffen sein wird. Dann kommt Putin in eine ganz prekäre Lage; er bekommt Druck von unten. Was ist das probate Mittel, solche Probleme zu lösen? Ganz schlicht und einfach einen riesigen Konflikt nach außen zu provozieren, um die Bürger hinter sich zu scharen. Die Ansätze dazu sehen wir bereits. Das sehe ich als das größte Problem an, dass Putin, wenn es den Russen immer schlechter geht, einen solchen Konflikt aufbaut, um von den inneren Problemen abzulenken und die Bevölkerung hinter sich zu versammeln. Ich hoffe, ich täusche mich. Eine solche Destabilisierung in Russland können wir uns doch nicht wünschen.

Putin hat in Russland hohe Zustimmungsquoten. Die Eroberung der Krim und die Erfolge der Separatisten in der Ukraine werden ihm zugeschrieben. Ein neuer Kalter Krieg hat schon begonnen.

Vieles sieht danach aus. Es gab ja auch schon einen entsprechenden Titel des „Spiegel". In dem Aufruf, auf den Sie sich in Ihrer ersten Frage bezogen, werden die Gefahren deutlich gemacht. Ich zitiere daraus wörtlich: „Der Ukraine-Konflikt zeigt: Die Sucht nach Macht und Vorherrschaft ist nicht überwunden. 1990, am Ende des Kalten Krieges, durften wir alle darauf hoffen. Aber die Erfolge der Entspannungspolitik und der friedlichen Revolutionen haben schläfrig und unvorsichtig gemacht. In Ost und West gleichermaßen. Bei Amerikanern, Europäern und Russen ist der Leitgedanke, Krieg aus ihrem Verhältnis dauerhaft zu verbannen, verloren gegangen. Anders ist die für Russland bedrohlich wirkende Ausdehnung des Westens nach Osten ohne gleichzeitige Vertiefung der Zusammenarbeit mit Moskau, wie auch die völkerrechtswidrige Annexion der Krim durch Putin, nicht zu erklären."

In Berlin will die Regierung ein neues Konzept für unsere Sicherheitspolitik ausarbeiten. Das ist dringend nötig. Da muss Russland einbezogen werden. In Europa wird es ohne Russland keine dauerhafte Sicherheit geben.

Verstehen Sie die Sorgen der baltischen Staaten und Polens, die von der russischen Ukraine-Politik und von früheren russischen Aktionen im Grenzgebiet von Georgien ausgehen?

Selbstverständlich. Für Polen und die baltischen Länder ist die Nato der wichtigste Sicherheitsfaktor. Und man muss ja anerkennen, dass die Nato ihre Aufgabe hervorragend erfüllt hat und ein Garant des Friedens in Europa war. Aber: So sehr ich ein Verfechter der Nato bin, so sehr bin ich dagegen, neue Risiken auf uns zu nehmen. Die Ukraine in die Nato aufzunehmen, was die Regierung in Kiew und Teile des Westens wollen, würde in einer Katastrophe enden. Das könnte einen Weltkrieg provozieren. Auch eine nochmalige Erweiterung der EU nach Osten brächte diese Gefahr. Andererseits gehe ich davon aus, dass sich auch der russische Präsident der latenten Gefahren bewusst ist und kein Interesse hat, einen Krieg vom Zaun zu brechen. Also wird er Litauen, Lettland, Estland sicher nicht angreifen. Sie gehören zur Nato und zur EU. Das ist etwas anderes als die Ukraine oder Georgien. Die größten Gefahren entstehen, wenn zunächst begrenzte Konflikte ins Unkontrollierbare entgleiten. Wer außer Putin kann diesem gespenstischen Szenario entgegenwirken?

Russland hat die Krim völkerrechtswidrig annektiert. Wir kommen aber nicht weiter, wenn wir einen Rechtsbruch dem anderen entgegenhalten. Wenn wir rechtsstaatliche Grundsätze und völkerrechtliche Vereinbarungen in den internationalen Beziehungen erhalten wollen, müssen wir dann nicht verlangen, dass Russland internationales Recht und das Selbstbestimmungsrecht einhält?

Ja, das müssen wir. Aber nicht einseitig. Wir Deutschen haben zum Zerfall Jugoslawiens beigetragen, als wir einseitig Kroatien anerkannten. Was haben die USA mit dem Kosovo gemacht? Sie haben die Abspaltung von Jugoslawien unterstützt. Die USA scheren sich wenig um internationales Recht, wenn sie ihre Interessen durchsetzen, egal wo in der Welt. Was machen die USA in Guantanamo? Obama ist angetreten mit der Ankündigung, Guantanamo schon in der Mitte der zweiten Amtsperiode zu schließen. Aber das Lager existiert noch heute. Oder was machen die USA mit der Spionage ihrer NSA, die sogar das Telefon unserer Bundeskanzlerin abhört. Erinnert das nicht an die McCarthy-Ära, in der sozusagen jeder Bürger unter Verdacht stand?

Die Trotz-Politik Putins hat sich in den vergangenen Monaten verschärft, und es gibt Äußerungen zum Beispiel vom Vorsitzenden des Deutsch-Russischen Forums, Ex-Ministerpräsident Matthias Platzeck, dass man die Annexion der Krim durch Russland jetzt völkerrechtlich nicht nur akzeptieren, sondern auch legitimieren soll. Teilen Sie diese Auffassung?

Dazu möchte ich mich nicht äußern. Das sind Staatsrechtfragen, die man als Laie sowieso nicht final beantworten kann. Das Deutsch-Russische Forum ist eine zivilgesellschaftliche Organisation mit kompetenten und honorigen Mitgliedern. Gerade in der Krise der deutsch-russischen Beziehungen sind Institutionen wichtig, die zusammenführen, statt auseinanderzutreiben.

Herr Putin hat kürzlich ein Interview im deutschen Fernsehen gegeben. Er hat geschickt argumentiert. Er verwies auf den Fall Kosovo. Der Internationale Gerichtshof in Den Haag hat erklärt, dass die Abspaltung des Kosovo von Serbien rechtens ist. Die Begründung: Wenn eine Volksgruppe die Abspaltung in einem demokratischen Prozess mehrheitlich will, dann verwirklicht sie ihr Selbstbestimmungsrecht. Genau das ist im

Fall der Krim geschehen. Die dort lebenden Russen sind die Majorität. Sie wollten den Anschluss an Russland. Darüber fand eine Volksabstimmung statt, die die Befürworter des Anschlusses gewonnen haben.

Und ansonsten muss man auch sehen, dass es beleidigend und erniedrigend ist, wenn Präsident Barack Obama Russland als eine Regionalmacht apostrophiert. Die Aussage ist auch falsch. Russland ist weltpolitisch immer noch eine Großmacht, mit ständigem Sitz und Vetorecht im Sicherheitsrat der Vereinten Nationen. Die Russen könnten sich ja auch über die Amerikaner lustig machen. Denn die Amerikaner brauchen die Russen, um ihre Astronauten zur Internationalen Raumstation zu transportieren. Wenn die Russen mit ihren Sojus-Raketen zurzeit nicht die Möglichkeit hätten, die Versorgung sicherzustellen, könnten die Amerikaner weder zur Raumstation kommen noch zurück zur Erde.

Russland schickt seine Atombomber wieder auf Reisen bis nach Nordamerika. Wie soll man das deuten?

Das ist immer die Frage der Sichtweise. Ich lasse mich nicht manipulieren mit der Suggestion, dass Putin der einzige Böse ist. Trotzdem sehe ich, dass von Seiten der Russen eine radikale Machtpolitik demonstrativ betrieben wird. Andererseits ist Putin vom Westen provoziert worden. Der frühere Bundeskanzler Gerhard Schröder hat zu Recht moniert, dass wir im Verhältnis zu Russland zu viel Vertrauen verspielt haben, dass wir gemeinsam mit den Russen von der Konfrontation wieder zur Kooperation zurückfinden und aus der Spirale von Vorwürfen und Drohungen herauskommen müssen.

Die Russen haben nicht gegen internationales Recht verstoßen, wenn jetzt reklamiert wird, dass sie mit Fernbombern vor der kanadischen Küste fliegen, da dies ja über internationalen Gewässern geschieht. Sie tun das Gleiche, was auch die Amerikaner tun. Das geht im Grund niemanden etwas an – außer natürlich, dass sich selbstverständlich die USA und Kanada bedroht fühlen. Denn die Russen könnten ja Bomben, sogar Atombomben an Bord haben. Ich meine, so klug sind Putin und die gesamte russische Regierung insgesamt, dass für sie der Zustand des atomaren Gleichgewichts auch heute noch existent ist. Wenn sie einen Atomangriff auf New York machten, würden die Amerikaner das Gleiche auf Moskau tun. Wir erleben – wie schon im Konflikt mit der Sowjetunion – strategische

Sandkastenspiele, bei denen auf einen groben Klotz ein grober Keil gesetzt wird. Wenn Obama sagt, dass Russland nur eine Regionalmacht ist, dann fliegt Putin mit seinen Bombern vor die Küsten Amerikas und demonstriert damit der Welt: Wir sind keine Regionalmacht.

Man muss sich in die Lage des Mannes und des Staates versetzen, vor deren Haustür in Polen oder Tschechien sogenannte Abwehrraketen aufgestellt werden. Das würde ich mir auch nicht gefallen lassen.

Sind nicht die Raketen aus zweierlei Gründen aufgestellt worden? Erstens in der Befürchtung, dass Russland eine Rückgewinnung ehemaliger Gebiete der Sowjetunion versuchen könnte, zum Beispiel im Baltikum. Zweitens als Schutzschild gegen potentielle Angriffe aus dem Iran. Sind das nicht berechtigte Schutzinteressen des Westens in einer Zeit, in der wieder Kriegsgefahr aufkommt?

Herr Detjen, man sagt natürlich Abwehrraketen, aber das sind Schießraketen, die auch Angriffswaffen sein können. Ich will mir nicht vorstellen, dass es einen dritten Weltkrieg geben kann. Das Internet verändert die Welt. Darauf hoffe ich. Weil die Menschen heute eine so gute Möglichkeit haben, sich zu informieren, wie das nie vorher gewesen ist. Aber wir müssen trotzdem die Gefahren von regionalen Kriegen in Europa erkennen, wie sie sich jetzt in den Kämpfen in der Ukraine zeigen oder früher auf dem Balkan gezeigt haben. Das kann man doch nicht anders nennen als Krieg.

Umso wichtiger ist die weltweite Durchsetzung des internationalen Rechts, allen voran der Menschenrechte. Das sind Positionen, die offene Gesellschaften von anderen unterscheiden.

In Russland gibt es Kräfte, die genau das wollen.

Ist Russland nicht weiter davon entfernt als jemals zuvor seit dem Ende der Sowjetunion? Sitzen wir da nicht einem Wunschdenken auf? Wo sind die Ansätze für Hoffnungen auf innere Reformen? Vielleicht in der Generation nach Putin?

Nicht vielleicht – die gehen in eine andere Gesellschaft! Noch einmal: Allein das Internet sorgt dafür.

Sie sind da sehr optimistisch. Auch unter dem Ex-Geheimdienstchef Putin?

Ja, natürlich. Putin ist wie alle Machthaber. Der will seine Macht sichern, soweit es geht. Aber der ist auch Pragmatiker; der merkt, wo er nachgeben muss, wo er zugeben muss. Für mich ist unvorstellbar, dass Russland den Weg zurück in die UdSSR geht, also in den Kommunismus oder eine gleichartige Diktatur. Das würde sich das Volk nicht mehr gefallen lassen.

Von einem Aufbruch in eine liberalere, in eine pluralistischere Gesellschaft ist bisher wenig zu sehen, so lange Gegner Putins unter fadenscheinigen Gründen ins Gefängnis oder Arbeitslager kommen.

Die wird sich entwickeln. Es gibt eine Opposition gegen Putin und seine Macht. Im Moment hat Putin seine innenpolitischen Probleme dadurch gelöst, dass er den Ukraine-Konflikt hochkocht. Wir sprachen schon über das alte Machtmodell, sich durch äußere Konflikte Rückhalt im Inneren zu holen. Aber die Macht von Putin wird nicht ewig dauern. Ich glaube, dass Russland zu einer echten Demokratie finden kann. Im Moment ist das noch eine Demokratur. Immerhin hat Putin die Verfassung eingehalten, nachdem er zwei Perioden als Präsident regiert hatte. Er ging nach der Verfassung für eine Periode aus dem Amt. Er hätte ja auch sagen können, wir ändern die Verfassung.

Klingt bei Ihnen vielleicht ein Zweckoptimismus an? Schließlich ist der Würth-Konzern auch in Russland aktiv. Welche Rolle spielt für den Konzern der russische Markt?

Eine unbedeutende. Von dort kommt nur ein eher marginaler Teil unseres Umsatzes. Das Russlandgeschäft ist ausbaufähig, trotz der Sanktionen des Westens, die Russlands Wirtschaft hart treffen. Wir arbeiten dort trotzdem noch mit schwarzen Zahlen. Allerdings ist unser Gewinn in Russland 2014 im Vergleich zu 2013 auf die Hälfte geschrumpft. Aber wir haben keine Schwierigkeit mit dem Import der Güter, die wir in Russland für unsere Geschäfte brauchen.

In Russland gibt es seit Jahren einen Bauboom. Davon nicht abgeschnitten zu werden, müsste für Sie doch von größtem Interesse sein?

Wir können in Russland tun, was wir für unsere Geschäfte brauchen. Wenn Sie mit Ihrer Frage auf meine politische Position gegenüber Russland anspielen, auf den Umstand, dass ich den Appell für eine andere Russlandpolitik unterschrieben habe – dann liegen Sie falsch, wenn Sie opportunistische Zusammenhänge vermuten. Die gibt es nicht. Ich bin unabhängig genug, um meine politische Haltung als besorgter Bürger offen zu sagen. Ich lasse mir mein Bild von Russland von keiner Seite vorschreiben. Ich sehe in Russland eben nicht nur Putinisten, sondern auch die vielen Leute in der Kultur und der Wirtschaft, die auf Freiheit hinwirken.

Zu viele von denen – siehe Michail Chodorkowski – verschwinden schnell hinter Gittern. Und die Demonstranten gegen Putin sind Aufmärschen von Nationalisten gewichen.

In Russland haben Volksaufstände sozusagen Tradition, auch wenn sie meistens blutig niedergeschlagen wurden. In der Ukraine, die unter den Zaren zu Russland gehörte – Kiew war die Krönungsstadt der Zaren –, wurde der Präsident Viktor Janukowitsch durch einen Aufstand des Volkes gestürzt. Der heutige Präsident Petro Poroschenko kam durch einen Putsch an die Macht. Das ist auch kein lupenreiner Demokrat.

Die Geschichte des 20. Jahrhunderts lehrt: Wenn die politische Einengung, die Beschränkung der Freiheit zu drückend und die wirtschaftliche Lage zum Desaster wird, dann steht das Volk auf und macht Revolution. In Ägypten ist das so gelaufen, und in der Ukraine ist es so gelaufen und in Nordafrika. Wenn wir auch nie vergessen dürfen, dass die Hoffnungen des Volkes bei solchen Prozessen selten in Erfüllung gehen.

Solche Revolutionen lösen zu oft eine Gegenbewegung aus, die neue Unterdrückung erzeugt, wie wir es in Ägypten erleben.

Das ist die andere Seite einer einzigen Medaille. Wir im Westen erliegen oft einem Wunschdenken. Das sehen wir am Beispiel Syrien. Wenn man das mit einer gewissen Distanz bewertet, dann glaube ich, dass Präsident Obama verstanden hat: Wenn Assad fällt, dann wird Syrien ein islamistischer Gottesstaat. Das ist sicher nicht im Interesse der USA und des gesamten Westens.

Auch in Putins Russland gibt es islamischen Terrorismus. Bei Anschlä-
gen in Moskau und in anderen Städten wurden viele Menschen getö-
tet. Zerbricht im aktuellen Konflikt mit Russland das gemeinsame
Interesse, die Ausbreitung des Terrorismus durch islamische Extre-
misten zu verhindern?

Ich hoffe, dass die Vernunft das verhindert. Ich sehe im IS ein Problem,
das mir viel mehr Sorgen macht als Russland. Diese Leute des sogenannten Islamischen Staats haben verkündet, sie wollten Spanien zurückholen,
vor allem in Cordoba die Moschee. Sie berufen sich darauf, 500 Jahre lang
in Spanien geherrscht zu haben. Sie sagen: Das ist unser Land! Wie ernst
diese Drohung zu nehmen ist, zeigt sich daran, dass die katholische Kirche
gerade in den letzten Monaten nachholt, was sie Jahrhunderte vorher nicht
getan hat: Sie hat die Eigentümerschaft an der Kathedrale in Cordoba ins
Grundbuch eintragen lassen. Das ist ein ganz markantes und signifikantes
Signal, dass der IS eine reale Gefahr ist. Wenn die fertig sind in Syrien und
im Irak, dann gehen die in die Südosttürkei und nach Europa. Die sind so
fanatisiert, dass sie in Europa bis nach Wien vordringen könnten wie im
17. Jahrhundert die Türken. Die könnten wahrscheinlich leicht auch an
Atomwaffen kommen, wenn sie in Pakistan an die Macht kämen. Pakistan
ist ein instabiles Land mit Atomwaffen. Mir graut vor der Vorstellung, dass
sich ein nuklear bewaffneter, islamischer Gottesstaat irgendwo etablieren
könnte.

Das muss uns alle besorgen. Die Konfliktzonen an den Rändern Russlands
sind unsere Nachbarschaft. Der Mittelmeerraum ist unser Vorhof. Wenn
Sie die Frage stellen, ob unser Bewusstsein von der Bedeutung des Mittel-
meerraums und Nordafrikas für unsere Sicherheit in Europa ausreichend
ist, dann heißt meine Antwort: Ein ausgeprägteres Bewusstsein für latente
Gefahren wäre in Europa wünschenswert.

Der ganze Maghreb und das östliche Mittelmeer sind ein Pulverfass. Da ist
auch Israel als Akteur mit einer falschen Politik beteiligt. Das bedauere ich
umso mehr, als ich Freunde in Israel habe. Dass Israel keinen Weg findet,
konstruktiv daran mitzuwirken, dass die jungen Palästinenser eine für sie
attraktive Zukunftsperspektive erhalten, hat schlimme Folgen – bis nach
Europa. Auch die Siedlungspolitik Israels trägt dazu bei. Sie nimmt den
Palästinensern immer mehr Land weg und verhindert damit die Bildung
eines palästinensischen Staates. Es ist eine verfahrene Situation, dass Hass

und Rache soweit gediehen sind. Ich fürchte, das könnte in einem großen Desaster enden.

Die Stärke Europas bestand immer in der engen transatlantischen Partnerschaft mit den USA. Die Amerikaner haben uns Verantwortung abgenommen, zum Beispiel im Nahen Osten – der liegt vor unserer Haustür. Kann Europa in den Konfliktzonen rund ums Mittelmeer ohne die USA agieren?

Militärisch mit Sicherheit nicht. Wenn wir von Syrien sprechen, müssen wir die anderen Konfliktherde des Nahen Ostens mit in den Blick nehmen. Im Iran wirken die Sanktionen schon stark. Die Regierung kann die hohe Inflation und die anderen wirtschaftlichen Rückschläge nicht mehr lange durchstehen. Der Iran muss mit seinem Atomprogramm nachgeben. In die Verhandlungen bringt Europa sein Gewicht ein.

Wenn das Iran-Problem gelöst ist, können die USA gegenüber Israel mehr Einfluss ausüben. Die Amerikaner stehen ja den Israelis massiv auf den Füßen; sie drängen auf den zweiten, den palästinensischen Staat. Wenn es gelingt, einen Palästinenser-Staat zu etablieren und zu stabilisieren, dann verschwinden die politischen Probleme, die einen Krieg wert sein könnten. Und die islamischen Staaten in Nordafrika – Ägypten und Libyen, Algerien, Marokko – die sind auf Jahrzehnte mit sich selbst beschäftigt.

Ein deutliches Wort zu Syrien: Müssen wir in Syrien tätig werden, außer mit humanitärer Hilfe? Ich meine, wir haben in Europa über Jahrhunderte so viele Kriege gehabt, wieso sollen wir die Verantwortung übernehmen, Syrien durch militärisches Eingreifen zu retten? Wenn es zu stärkeren Spannungen kommen sollte, zum Beispiel wenn Syrien und Libanon aggressive Gottesstaaten würden – dann sieht es wieder anders aus. Dann würden wir doch sicher ganz schnell aufrüsten und unsere Verteidigung entsprechend stärken müssen.

Die Bundeswehr ist nicht mehr so stark, wie sie einmal war. Sie ist in der Türkei eingesetzt, im Kurdengebiet im Irak, auf dem Balkan, in den eingefrorenen oder schon wieder brennenden Konfliktherden an den Rändern der ehemaligen Sowjetunion – zwar nicht mit Kampfauftrag, aber mit der Gefahr, in Kämpfe verwickelt zu werden. Übernimmt sich Deutschland?

Ich plädiere keinesfalls dafür, dass wir uns aus unseren Schwächen definieren. Wir dürfen nicht glauben, dass es allein genügt, sich auf die Stärke unserer Wirtschaft und die Anziehungskraft des Euro zu verlassen. Die Frage der militärischen Stärke bleibt immer relevant. Deshalb brauchen wir ja eine gemeinsame Sicherheitspolitik in der Nato. Selbstverständlich muss man in dieser Welt, wie sie nun einmal ist, gerüstet sein.

Danach handelt auch die Schweiz, obwohl sie ganz von der EU umgeben ist, an keinen schlummernden oder gar heißen Konfliktherd angrenzt. Die Schweizer investieren trotzdem noch heute in ihre alten Festungen und kaufen für ihre Luftwaffe neue Jäger. Sie halten ihre Rüstung stark. Sie können es sich leisten. Aber wofür und warum die Viggen, die schwedische Jagdflugzeuge? Die Jäger, die sie vorher gekauft hatten, sind inzwischen alt, haben nicht einen einzigen Schuss abgegeben auf einen Feind. Die Antwort auf die Frage nach dem Grund für die Erhaltung eigener militärischer Stärke heißt: Die Rüstung ist für die Schweiz eine Art Feuerwehr. Man muss sie für den Fall des Falles haben.

Wir müssen immer pragmatisch die Frage beantworten: Von wem droht Gefahr, wo kann der Feind sein? Welche Art von Rüstung brauchen wir wofür? Seit in Russland nicht mehr die Kommunisten regieren, haben wir in Europa in großem Umfang abgerüstet. Die Rüstungsindustrie lebt von Exporten in Gebiete außerhalb Europas, weil bei uns die Rüstungsausgaben zusammengestrichen wurden. Trotzdem haben wir militärisch in die Konflikte auf dem Balkan eingegriffen, ist die Bundeswehr in Afghanistan in den Krieg gezogen.

Wir sind in Mitteleuropa sehr von dem Wunsch geleitet, dass der Frieden, den wir seit langem in unserem Land haben, eine Art Gottesgeschenk ist und wir nicht mehr als bisher dafür tun müssen, um ihn nach außen zu sichern. Das erschwert die militärische Vorsorge für Krisenfälle, die immer wieder eintreten können.

Kapitel 3
Plädoyer für die Vereinigten Staaten von Europa

Europa braucht den Finanzausgleich

Die Krisen treiben zu weiterer Einigung an / Im Untergrund wirken aber noch die alten nationalen Strukturen / Die Brüsseler Bürokratie hält Europa zusammen

Noch nie ist die Europäische Union so stark von antieuropäischen Kräften in Frage gestellt worden wie im zweiten Jahrzehnt unseres Jahrtausends. Zugleich schwächen Krisen wie die in Griechenland die EU. Bleiben Sie der leidenschaftliche Europäer, als den Sie sich wiederholt gekennzeichnet haben?

Selbstverständlich! Die Krisen sind eine Herausforderung der proeuropäischen Kräfte; sie müssen sie als Ansporn begreifen, die Einigung voranzutreiben. Die Einigung Europas ist nicht ein Projekt kurzfristiger Perspektiven. Sie ist ein historisches Vorhaben, das zwar in der Geschichte Europas wurzelt, aber kein Vorbild hat, das man einfach kopieren kann.

Die Idee einer Friedenszone in Europa entsprang den Folgen der großen europäischen Kriege. Sie wurde ein freiheitlicher Gegenpol zum kommunistischen Vordringen in Europa. Diese Idee ist heute wieder aktueller denn je. Nur in einer europäischen Friedenszone, die Russland einschließt, können die Konflikte beigelegt werden, für die der Krieg in der Ukraine nur ein Beispiel ist. Die Vereinigten Staaten von Europa sind auch das Fundament, auf dem Europa eine Chance erhält, sich neben den Supermächten China und USA zu behaupten. Meine These ist: Aus der Krise werden die Vereinigten Staaten von Europa hervorgehen. Das wird allerdings nicht leicht, sondern anstrengend.

Das sind rationale Argumente, die bei den verunsicherten Anhängern nationalistischer Bewegungen immer weniger akzeptiert werden. Ist den emotional gesteuerten, von Verschwörungstheorien durchsetzten Ängsten vor Globalisierung, Finanzmanipulationen und Kriminalitätskonzernen mit politischer Vernunft noch beizukommen?

Ich wäre kein Liberaler, wenn ich nicht auf die Kraft der Vernunft setzte. Das wird nicht leichter, wenn überall Verunsicherungen um sich greifen, wenn in den Gesellschaften des Westens das Vertrauen in die Institutionen schwindet, auf deren Zuverlässigkeit die Stabilität der offenen Gesellschaften beruht.

Wir dürfen nicht vergessen: Die Aufklärung ging von Europa aus. Wir können auch heute immer wieder beobachten: Wo die Aufklärung nicht stattfand, fehlen der Demokratie starke Wurzeln. Zum Beispiel im ehemaligen Osmanischen Reich oder in der Welt der orthodoxen Kirchen wie in Russland. Aufklärung ist im Übrigen auch bei uns im Westen eine immerwährende Aufgabe. Das belegt die Irrationalität der Antieuropäer.

Wir sollten uns vor falschem Hochmut oder trügerischer Selbstsicherheit hüten. Nichts kommt von allein. Die Politik muss Europa weiter voranbringen. Die Medien dürfen Europa nicht immer zuerst als Krisenfall ausbreiten, sondern müssen mehr als bisher über die positiven Seiten der Einigung informieren. Wir hatten noch nie so viel Gemeinsamkeit in allen Lebensbereichen in Europa wie heute. Fünfzig Prozent aller rechtlichen Grundlagen des politischen, gesellschaftlichen und wirtschaftlichen Alltags beruhen in der EU auf dem gemeinsamen europäischen Recht. Das ist eine starke Basis für die Zukunft – auch ein Wall gegen nationalistische Rückfälle.

In Frankreich der Front Nationale, in Großbritannien die Unabhängigkeitspartei, in Deutschland die AfD. Ein dialektischer Vorgang: Je stärker Europa wird, desto mehr gehen antieuropäische Kräfte aus der Deckung. Wird nicht aus triftigen Gründen angezweifelt, dass die Politiker bei uns und in den anderen Ländern in der Lage sind, die Gefahren abzuwehren, die in den Versuchungen des Nationalismus liegen?

Glücklicherweise wächst auch das europäische Bewusstsein, allen nach rückwärts gerichteten nationalen Versuchungen zum Trotz. Das beweisen Umfragen in allen Ländern der EU. Nicht einmal die Griechen wollen auf die EU und den Euro verzichten. Immer wenn die Bedrohung durch Terror in Europa konkret erfahrbar wird, steigt das Bewusstsein, dass wir nur in der gemeinsamen Abwehr in unserem Lebensalltag die gewohnte

Sicherheit erhalten können. Insofern führen die von außen kommenden Gefahren Europa zusammen.

Wäre es vor ein paar Jahren schon vorstellbar gewesen, dass in einer Krise wie der um die Ukraine die Europäer ohne die USA mit Russland hätten verhandeln können? Der französische Präsident François Hollande und die deutsche Bundeskanzlerin Angela Merkel haben das vorgeführt. Sie haben mit Verhandlungen einen europäischen Akzent in einer Krise gesetzt, in der ein Aufmarsch von US-Truppen die Gefahren verstärken würde.

Wir müssen aber gleichzeitig erkennen, dass immer noch die meisten Menschen unterhalb der europäischen Ebene in ihren nationalen Strukturen verwurzelt und beheimatet sind. Da liegen die emotionalen Bindungen, die gefühlte Geborgenheit, die vertraute Gemeinschaft. Da haben die Menschen ihre soziale Haut. Für die meisten ist sie dünn. Ihr Schutzmantel ist die Gesellschaft. Sie vermittelt Sicherheit. Sie schafft Verunsicherung, wenn ihre gewohnten Strukturen zerfallen, wenn ungewohnte Kräfte – wie jetzt die Migration – in die Nahwelt eindringen. Wenn islamistische Terroristen mitten unter uns Anschläge vorbereiten oder aus unserer Gesellschaft in den Dschihad nach Syrien oder in den Irak ziehen – das sind Bedrohungsszenarien, auf die wir nicht vorbereitet waren.

Jetzt erleben viele Menschen zum ersten Mal die Globalisierung von einer für sie erschreckenden Seite – die Armen und Hungrigen drängen in die Lebensräume der Wohlhabenden und Satten. Das erinnert an die Völkerwanderungen in der uns bekannten Geschichte.

Wir dürfen die nationalen Bewegungen, die aus den Folgen der Globalisierung Kapital schlagen, nicht unterschätzen. Wir müssen ihnen stärker als bisher entgegenwirken. Das ist Aufgabe der Politik – und auch der Medien. Wir müssen die Ängste, die sich in diesen Bewegungen ausdrücken, ernst nehmen. Ihre Ablehnung der europäischen Integration und des Euro ist eingeschlossen in ihre Auflehnung gegen die Globalisierung aller unserer Lebensbereiche, gegen den sogenannten Finanzkapitalismus, gegen die Ausweitung der Freihandelszonen. Da fließen antiwestliche Ressentiments mit den Strömungen der Modernisierungsverweigerer zusammen.

Parteien wie die AfD bei uns, die Nationalisten in den Niederlanden, die Isolationisten im Vereinigten Königreich und die französischen Nationalisten breiten sich dort aus, wo die etablierte Politik ihnen Raum gelassen hat. Entdeckt die europäische Politik erst jetzt ihre eigenen Mängel?

Ich meine, es gibt dafür keine monokausalen Erklärungen. Wir dürfen uns nicht zu bequemen Vereinfachungen verleiten lassen. Wir dürfen auch nicht dem Irrtum verfallen, starke, vor allem lautstarke Minderheitspositionen mit der Mehrheit zu verwechseln, die weiterhin europäisch denkt und wählt. Medial werden eher die negativen Tendenzen verstärkt, als die positiven, also die proeuropäischen Mehrheiten hervorgehoben. Die Medien verstärken die negativen Tendenzen, weil sie ihnen mehr Aufmerksamkeit verschaffen als den Vorteilen, die wir gerade in Deutschland von der EU haben.

Davon handelt an anderer Stelle unser Gespräch über Ihre viel weiter gehende Kritik an den Medien.

Die größte Gefahr liegt darin, dass die antieuropäischen Minderheiten in den Gesellschaften der EU-Länder so viel Verunsicherung erzeugen, dass der stabile Kern Europas zerfällt. In allen Ländern, in denen antieuropäische Bewegungen auftauchen, beobachten wir zugleich einen Rückgang des Vertrauens in die Parteien, die über Jahrzehnte Europa aufgebaut haben. Dieser antieuropäische Reflex hat sich sogar in der Schweiz ausgebreitet, seit sie immer enger mit der EU verzahnt wurde.

Sie halten einen Europäischen Finanzausgleich für notwendig. Das ist in Deutschland eine ungeliebte Idee. Was bringt Sie dazu, sich für ein so umstrittenes Vorhaben auszusprechen?

Weil ich den Finanzausgleich für eine Grundlage halte, die Europa für seine Vereinigung braucht. Das lehrt uns auch die Krise, die um die Mitgliedschaft Griechenlands in der Eurozone und in der EU entstanden ist. Wir brauchen einen ähnlichen Mechanismus, wie er unter den deutschen Ländern besteht. Wenn wir das nicht schaffen, gefährden wir die Existenz Europas. Und wir brauchen die Vereinigung Europas, um in unserem alten Kontinent in Freiheit und in Frieden leben zu können.

Auch mir geht es darum, so wenig wie möglich zu zahlen. Logisch. Ich will den Griechen oder anderen nicht unser Geld aufdrängen. Aber ich bin nicht nur ein heimatverbundener Hohenloher, ein liberaler Baden-Württemberger, ein geschichtsbewusster Deutscher. Ich bleibe allen Widerständen zum Trotz ein leidenschaftlicher Europäer. Angesichts der Machtverteilungen in der Weltpolitik hat Europa nur im Ausbau der europäischen Einigung eine Aussicht auf Erhalt seines friedlichen Zusammenlebens. Deshalb plädiere ich für eine europäische Solidarität zwischen den wohlhabenden und den vom Bankrott bedrohten Staaten.

Was nützt den Deutschen der europäische Finanzausgleich? Weshalb ist es unser Interesse, für Griechenland, für Spanien, für Portugal nicht nur zur bürgen, sondern im Zweifelsfall auch zu zahlen?

Ganz einfach: Um den Euroraum als einheitliches Gebilde, als Kern der Europäischen Union zu erhalten und zu verfestigen. Die Währungsunion ist ja noch jung. Sie ist noch in ihrem Anfangsstadium, mit vielen Unvollkommenheiten. Wir haben schon fast automatisch Angleichungstendenzen innerhalb der unterschiedlichen Länder. Die Griechen, die Spanier müssen wegen der fehlenden Wettbewerbsfähigkeit ihrer Länder auf Gehälter oder auf Gehaltsanteile verzichten. Das ist ein Stück europäische Angleichung der Arbeitskosten.

Im Vergleich mit der Produktivität sind die Einkommen in Deutschland viel niedriger als in Griechenland, obwohl die Griechen absolut weniger Geld verdienen als die Deutschen bei vergleichbaren Berufen. Das Problem ist, dass in Griechenland die Produktivität viel geringer ist als bei uns.

Ein Beispiel: Wenn bei uns die Produktivität viermal höher ist als in Griechenland, die Lohnkosten aber das Doppelte wie bei den Griechen ausmachen, dann ist der Aufwand pro Produktionseinheit in Deutschland nur halb so hoch wie in Griechenland. Das heißt: Die Griechen müssen, um wettbewerbsfähig zu werden, entweder weiter runter mit ihren Löhnen oder sie müssen rauf mit ihrer Produktivität.

Das sind langwierige und sehr schwierige Prozesse. Es kann dreißig, fünfzig Jahre dauern, bis dieser einheitliche Währungsraum auch im Hinblick auf Arbeitskosten und Produktivität geschaffen ist. Und genauso lange dauert es, bis das Auseinanderklaffen der Rahmenbedingungen auf anderen Feldern beendet wird, zum Beispiel bei den Zinsen. Während der Eurokrise hat man auf griechische Staatsanleihen dreißig Prozent Zins bekommen, für unsere deutschen 1,2 Prozent.

Die Griechen sagen: Wir zahlen für das billige Geld, das letztlich Deutschland nützt. Dank unserer Misere bekommen die deutschen Banken billiges Geld und geben es anschließend als Unterstützungsgeld an uns – zu einem aus griechischer Sicht unverhältnismäßig hohen Zins.

Aus diesen unterschiedlichen Strukturen innerhalb der Eurozone profitiert Deutschland deshalb, weil die Südländer den Euro im internationalen Wechselkurs nach unten schieben. Uns Deutschen nützt es enorm, dass der Euro nicht zu stark wird. Wenn wir zur D-Mark zurückkehrten, dann würde die D-Mark so schnell aufgewertet, dass unsere Konkurrenzfähigkeit abnähme. Eine neue D-Mark würde wahrscheinlich einem Mehrfachen eines Euro entsprechen. Damit würden unsere Produkte in der Welt viel zu teuer.

Insofern ist diese Bremskomponente für den Euro-Dollar-Kurs oder den Euro-Kurs gegenüber anderen Währungen hoch willkommen. Das den deutschen Bürgern klar zu machen, ist allerdings fast unmöglich; die Zusammenhänge und Sachverhalte sind für die meisten Bürger schwer nachvollziehbar. Eine Herkulesaufgabe. Ich sehe heute niemanden, der sie bewältigt.

Keines der Krisenländer will auf den Euro verzichten und zu seiner alten Billigwährung zurück. Wenn das europäische Projekt gelingen soll, braucht es führungsstarke Politiker. Wo sind sie?

Die wünsche ich mir auch. Leider haben wir keinen Charles De Gaulle, keinen Konrad Adenauer, keinen François Mitterand und keinen Helmut Kohl mehr. Das waren Persönlichkeiten, die Menschen zu überzeugen verstanden – mit ihrer Leidenschaft für Europa. Vielleicht hatten sie diese Überzeugungskraft, weil sie als Europäer aus den Kriegen hervorgegangen sind, die Europa zerstört hatten. Ich glaube, mit dem neuen Kommissionspräsidenten Jean-Claude Juncker wird die EU gut fahren. Der Mann ist überzeugter Europäer. Er hat mit allen EU-Institutionen große administrative Erfahrungen und er ist ein gewiefter Politiker.

Europa ist aus einem Projekt der Leidenschaft zu einer Veranstaltung des kalkulierten politischen Managements geworden. Sie reißt Menschen nicht mit, begeistert nicht. Können so die Vereinigten Staaten von Europa entstehen? Wenn sogar die Emotionen eher die Ablehnung befeuern?

Die EU funktioniert sogar in Krisenzeiten erstaunlich wirkungsvoll. Das ist das Entscheidende. Das europäische Recht greift, das Europäische Parlament ging aus den Wahlen 2014 stärker hervor, die Urlauber erfreuen sich der offenen Grenzen, der Euro hält sich im internationalen Währungsvergleich stärker als bei seiner Einführung, der gemeinsame Markt nützt der Wirtschaft und den Konsumenten, die spanischen Schinken, französischen Käse, italienischen Wein und ungarische Salami in jedem Supermarkt finden. Jammern tun vor allem die, die von diesen europäischen Errungenschaften profitieren. Aber wer nicht daran teilhat, würde sie gerne haben. Daher wollen immer noch mehr Staaten in die EU.

Wie oft ist der Euro seit Ausbruch der Krise totgesagt worden? Das Gegenteil ist eingetreten. Die EU bleibt immer noch für viele Länder Europas Hoffnungsträger für ihre staatliche und wirtschaftliche Zukunft. Das Europäische Parlament hat die demokratischen Strukturen in der EU gestärkt. Auch wenn ihr Ankauf von Staatsanleihen umstritten ist – die Europäische Zentralbank funktioniert, ist ein starker Grundpfeiler der gemeinsamen Währung und des Finanzierungssystems der EU.

Zu den Fortschritten gehört auch die internationale Bankenkontrolle. Wenn man bedenkt, dass die EU den Banken 800 Millionen Euro Strafe aufbrummt, das ist ein Haufen Geld. Der Spekulation mit riesigen Geldtransfers wird damit ein Riegel vorgeschoben. Das gab es vor der Einführung der Bankenkontrolle nicht. Von 2009 bis 2011 haben viele Leute gesagt, mit dem Euro bricht sowieso alles zusammen. Es gab eine Flucht aus dem Euro. Das war eine Zeit des europäischen Defätismus. Tatsächlich eingetreten ist dagegen ein riesiger Fortschritt. Die Eurokrise ist in den Hintergrund getreten. Die EU zeigt Zähne.

Ich glaube, niemand bei uns macht sich eine Vorstellung, welche Folgen ein Zusammenbruch der EU für unser Leben hätte – politisch, wirtschaftlich, kulturell. Die EU war und ist der entscheidende Faktor für den Frieden in Europa. Deshalb müssen wir froh sein, dass sie so gut funktioniert, auch wenn es manchmal Rückschläge und politische Sackgassen gibt.

Wird der Euro einmal die Ausstrahlung erreichen, die einst die D-Mark hatte? Die D-Mark war das Symbol für den Wiederaufstieg Deutschlands aus den Trümmern des Zweiten Weltkriegs. Der Euro hat bei uns in Deutschland noch nicht eine vergleichbare Symbolkraft für die Vereinigung Europas, obwohl es alle schön finden, wenn sie in Urlaub fahren und überall mit dem gleichen Geld zahlen können.

Der Verfassungsrechtler Paul Kirchhof hat in einem Beitrag für die Frankfurter Allgemeine Zeitung geschrieben: „Geld ist geprägte Freiheit." Das ist eine sehr schöne Aussage. Der Euro ist der Ausdruck unserer Freiheit in Europa.

Für die jungen Menschen ist das so selbstverständlich, in Lissabon mit dem Euro zahlen zu können wie daheim. Das gleiche Geld zu haben, das ist immer ein Ausdruck einer einheitlichen Basis. Hier entsteht gemeinsames Denken.

Mit der Erinnerung an die DM ist das ähnlich wie mit der DDR. Heute sagen immer noch viele Menschen in Ostdeutschland: „Vieles war in der DDR besser." Aber keiner will zurück zur DDR. Und so ist das auch mit der D-Mark. Ich glaube nicht, dass unter den jungen Leuten viele sind, die wieder die D-Mark haben wollen. Der Euro hat international hohe Anziehungskraft. Das sehen wir auch daran, dass Länder wie Lettland und Litauen dem Euro beigetreten sind. In der Eurozone leben mehr als 330 Millionen Menschen. Über 130 Millionen kommen in Ländern hinzu, die ihre Währungen an den Euro gebunden haben. Der Euro ist eine Erfolgsgeschichte, die nicht hoch genug eingeschätzt werden kann.

Meine These ist: England wird irgendwann gar nicht umhin können, dem Euro beizutreten. Aber die Engländer, die machen das halt immer so; die suchen sich ihre Vorteile überall aus. Siehe, wie sie mit der EFTA umgegangen sind. Als sie gemerkt haben, die Europäische Union kommt doch, dann sind sie aufgesprungen – aber nur mit halbem Herzen.

In ihrer *splendid isolation* waren die Engländer immer weit weg vom Kontinent. Das Vereinigte Königreich hat auch mit seiner Monarchie und den damit verbundenen gesellschaftlichen und politischen Strukturen ein für viele Europäer befremdliches Eigenleben. Aber die Industrie- und Wirtschaftsverbände wissen, wo das Geschäft läuft. Siebzig Prozent der Exporte des Vereinigten Königreichs gehen in die Länder der EU. Die Briten sind pragmatisch. Das hat man an der Abstimmung über die Abspaltung Schottlands gesehen. Die Mehrheit war für den Verbleib im Vereinigten Königreich. Wenn die Briten über den Verbleib in der EU abstimmen, dann halte ich es auch für gut möglich, dass die Vernunft über die Emotionen siegt, die nach einem Austritt aus der EU rufen. Wenn das Vereinigte Königreich in der EU bleibt, dann wird es wahrscheinlich irgendwann auch den Euro übernehmen.

Weil die Wirtschaftskraft in der EU so stark ist?

Genau. Die Wirtschaftskraft macht stark. Die meisten europäischen Bürger begreifen, dass sie zermahlen werden zwischen China und den USA, wenn sie nicht zusammenstehen. Jedes einzelne kleine Land – Deutschland und Schweden und Belgien und Finnland oder welches auch immer – ist gegen China und die USA ein Zwerg. Wenn wir aber die Europäische Union sehen, dann sind das mehr als 500 Millionen Bürger. Das sind mehr Menschen als in den USA und mehr als ein Drittel so viele wie in China. Das ist substantiell. Da kann man in der Weltpolitik mitreden. Durch den Euro erhielten wir eine fundamentale Verstärkung unserer Situation in der Welt.

Und nicht zu vergessen: Europäisches Bewusstsein entsteht nicht nur durch die Angleichung der Rechtssysteme, durch den gemeinsamen Währungsraum, durch europäisches Engagement in Afrika oder Lateinamerika oder durch gemeinsame Antiterroreinsätze der Streitkräfte. Europäisches Bewusstsein wächst dort von unten, wo sich Bürger aus den Staaten der EU auf der untersten Organisationsebene der Politik, also der kommunalen Ebene, begegnen.

Ein Beispiel dafür sind die vielen Städtepartnerschaften. Gerade wir in Deutschland als größtes zentraleuropäisches Land brauchen enge menschliche Beziehungen mit unseren wichtigsten Nachbarn. Deshalb ist es so positiv, dass fast die Hälfte aller kommunalen Partnerschaften mit Städten und Kreisen in Frankreich und Polen abgeschlossen wurden. Wenn wir Europa voranbringen wollen, ist die Förderung des Kennenlernens, des

Zusammenwachsens, des Zusammenbauens auf der Ebene der lokalen und regionalen Lebensräume der Menschen eine ganz wichtige Komponente. Nicht zu vergessen: Auch der Tourismus innerhalb der EU fördert das Zusammenwachsen.

Sie haben ein globales Unternehmen geschaffen. Wie sehen Sie die Entwicklung des Euro gegenüber dem Dollar und den asiatischen Währungen?

Der Euro wird sicher stark bleiben, auch wenn er gegenüber dem Dollar und dem Schweizer Franken Schwankungen unterliegt. Der Renminbi wird eine der drei Reservewährungen werden, neben Dollar und Euro. Der Euro ist noch nicht überall stark genug positioniert. Wenn ich in Südamerika unterwegs bin, hat man immer noch den Nachteil, dass der Dollar dort im Alltag gefragter ist.

Es gibt ein scharfes Wettbewerbsverhältnis zwischen den USA und Europa um die Vorherrschaft auf den Finanzmärkten,

Wahrscheinlich wäre es den Amerikanern nicht unrecht gewesen, wenn der Euro gescheitert wäre. Dass ein Euro mehr wert ist als ein US-Dollar, das war ja am Anfang anders. Das geht den Amerikanern gegen den Strich. Es gibt ja immer wieder Prognosen, die sagen: In ein paar Jahren wird der Euro weniger wert sein als der Dollar. Das mag vorübergehend so sein. Wenn die Banken dank der schärferen Kontrollen seitens der EU keine Wechselkurse mehr manipulieren können wie in der Vergangenheit, dann werden sich die Wechselkurse mehr als bisher entlang der realen Kaufkraft und der unglaublich großen Wirtschaftsleistung im Euro-Raum entwickeln. Schwankungen werden trotzdem bleiben.

In den USA ist die Skepsis gegenüber der deutschen Position in der Währungs- und Finanzpolitik gewachsen. Der Nobelpreisträger Paul Krugman ist in der New York Times der Protagonist für die Forderung: „Deutschland muss von seiner Austeritätspolitik ablassen und mehr Schulden machen." Hier brechen früher nie gekannte Spannungen in den transatlantischen Beziehungen auf. Machen wir den USA wirtschaftliche Probleme, weil wir so stark sind?

Die Amerikaner sind es gewöhnt, den Einfuhrüberschuss zu haben. 300 Milliarden Dollar spielen da scheinbar keine Rolle. Das ist sicher eine Blase, die irgendwann platzen wird. Spätestens dann, wenn die Chinesen keine US-Bonds mehr kaufen, keine Staatsanleihen. Dann wird's knapp werden für die USA. Die Amerikaner haben jetzt mehr Interessen im pazifischen Raum als in Europa. Sie wollen Japan schützen, sie wollen Taiwan nicht verlieren und haben China als den größten Kontrahenten.

Zusätzlich zu den Differenzen in der Finanzpolitik ist das Verhältnis zu Europa durch die NSA-Affäre und durch die Weigerung belastet, ein Anti-Spionage-Abkommen zu schließen. Die Amerikaner sagen, wir sind Freunde, aber trauen tun wir euch nicht. Das kann jeder bei der Einreise in die USA erfahren, wenn er nach acht- oder zehnstündigem Flug bei der Passkontrolle zwei Stunden warten muss.

Europa ist viel mehr als Euro, Militär, Wirtschaftskraft. Die USA sind aus dem Geist Europas entstanden. Ihr persönliches Engagement für die Kunst und die kulturellen Aktivitäten des Würth-Konzerns überspringen die alten nationalstaatlichen Grenzen. Verstehen Sie Ihr Engagement in der Kultur als Beitrag zum europäischen Projekt?

Europa ist immer eine geistige Kraft mit weltweiter Ausstrahlung gewesen. In diesem Bewusstsein gründet das kulturelle Engagement der Würth-Gruppe, auch wenn wir mit unseren bescheidenen Mitteln nur Tropfen im Meer anbieten können. Wir machen damit Kunst und Geschichte in ihren europäischen Dimensionen erlebbar. Und wir beteiligen uns am Weiterbau der europäischen Geschichte. Hier, in der Kultur, ist Europa Wirklichkeit. Das ist in der Spitzenkultur, also bei den Eliten, am stärksten wirksam. Deshalb brauchen wir Eliten in Wissenschaft und Kultur, damit Europa weiter vorankommt.

Wenn wir realistisch sind, müssen wir zugeben: Die Eliten sind diejenigen, die am Ende die wesentlichen Dinge bestimmen. In den USA führen zehn Prozent das Land, bringen das Land voran, machen das Land zur Weltmacht. Da hat Europa noch viel aufzuholen. Deshalb fördern wir auch Schulen, Hochschulen und wissenschaftliche Projekte.

Ihre Museen, Ihre Kunstsammlung, Ihre Foren vermitteln Botschaften nach außen. Gilt das auch für die Kommunikation mit den Mitarbeitern in Ihren Unternehmen?

Ja klar! Das ist ein Beitrag für das europäische Bewusstsein. Unsere Unternehmen sind europäisch geprägt. Durch 15 Kunstkabinette, Kunstmuseen, Kunstinstitute in zehn europäischen Ländern – Deutschland eingeschlossen – erfahren Mitarbeiter in ihrer Arbeitswelt und Besucher unserer Programme, dass Kultur nicht auf enge geografische oder nationale Räume eingeengt werden darf.

Von unseren 66.000 Mitarbeitern arbeiten fast 45.000 in der EU. Wir sind in allen europäischen Ländern tätig, für uns existieren in der EU eigentlich keine politischen Grenzen mehr. Nicht einmal mit der Schweiz. Wenn man das richtig anschaut, ist die Schweiz wirtschaftlich indirekt weitgehend in die EU integriert.

Wir haben begonnen, unser Lager in Belgien zu schließen, und wir beliefern die Kunden von hier aus. Im Unternehmen intern ist Belgien wie ein europäisches Bundesland. Das ist der Fortschritt in der EU, dass man auch in den Unternehmen zusammenwächst, über die nationalen Grenzen hinaus. Das will die europäische Kommission. Die wollen alle Schlupflöcher schließen, die Sonderrecht für einen der Staaten möglich machen oder die Freizügigkeiten verhindern. Ich finde das toll: Die Kommission will durchsetzen, dass Europa bis zum Letzten wie ein Land wird.

Wie spielt sich im Unternehmen der Austausch ab? Welche Bedeutung haben Sprachbarrieren? Die Schweizer, die Churer, können Deutsch wie die Mitarbeiter in Waldenburg oder Künzelsau. Aber Spanier, Franzosen, Chinesen, Italiener müssen Sprachbarrieren überwinden.

Das ist überhaupt kein Problem. Englisch ist heute die Lingua franca im internationalen Verbund. Das erleben doch die jungen Leute heute als ganz natürlich: Die Hauptsprache in der EU ist Englisch und gleichzeitig werden die lokalen Sprachen weiter gesprochen. Im Geschäftsleben werden die unterschiedlichen Sprachen immer mehr zurücktreten. Wir halten in unseren Unternehmen schon dreißig Prozent aller Konferenzen in Englisch ab. Ich habe Montag und Dienstag in Bad Mergentheim meine Vorlesung gehalten, für die Universität von Louisville, in Englisch. Wir haben im Unternehmen Abteilungen, die verkehren nur in Englisch. Die Umgangssprache der Informatiker ist Englisch.

Wir haben spanische Mitarbeiter, die sind als Kinder hier aufgewachsen, gingen dann zurück nach Spanien, sprechen heute perfekt ohne jeden Akzent Deutsch wie wir. Zudem sprechen sie perfekt Spanisch. Und wenn sie dann beispielsweise zu Verkäufern werden, dann kommt noch Englisch dazu. Sprachbarrieren sind kein Problem für das Zusammenwachsen Europas.

Vor hundert Jahren begann mit dem Mord in Sarajevo der Erste Weltkrieg. Mit ihm ging das alte Europa unter. Heute meinen wahrscheinlich die meisten Menschen in Europa, ein Ereignis wie der Mord in Sarajevo könnte keinen Krieg mehr auslösen. Ein Irrtum? Bundeskanzler Kohl hat gesagt: „Europa ist eine Frage von Krieg und Frieden." Bundeskanzlerin Merkel hat sich im gleichen Sinn geäußert. Könnte Europa wegen innerer Konflikte noch einmal ein Kriegsschauplatz werden?

Kurzfristig mit Sicherheit nicht. Aber wenn wir nicht aufpassen, kann langfristig ein Rückfall eintreten. Das deutsch-französische Verhältnis hat noch immer brüchigen Untergrund. Wir beschwören die Freundschaft und gute Zusammenarbeit. Wir bauen miteinander Europa, die Deutschen und die Franzosen. Aber im Untergrund schlummern Reste alter Vorurteile und Rivalitäten.

Wir müssen gerade in den deutsch-französischen Beziehungen unglaublich aufmerksam sein, dass wir dieses Verhältnis pflegen und dass wir ganz besonders vorsichtig miteinander umgehen. Europa ist auch für kommende Generationen noch eine Aufgabe. Man muss bloß noch ein paar Wahlen erleben, so, wie es in Österreich war, mit diesen braunen Wählern, die dort um den Politiker Haider versammelt waren. Fast vergessen schon, dass es einen Boykott der EU gegen Österreich gab. Und wenn die Nationalisten vom Front National in Frankreich weiter vorankommen würden … Das könnte dann schon zu einer kritischen Gemengelage führen.

Also ist die Verdichtung der deutsch-französischen Beziehung weiterhin eine Grundvoraussetzung für die Weiterentwicklung von Europa?

Genau. Ich war mehrmals bei einem Wirtschaftstreffen von deutschen und französischen Topmanagern und Unternehmern, dem Rendez-vous d'Evian. Da habe ich beim Auftritt eines Staatssekretärs aus dem deutschen Finanzministerium Schlimmes erlebt. In Anwesenheit des damaligen Präsidenten François Mitterrand ist der Staatssekretär mit einer nicht auszuhaltenden Arroganz aufgetreten. Wie er die deutsche Macht in der EU herausgestellt hat – das war Gift für die deutsch-französischen Beziehungen.

Sie stehen in der Tradition des süddeutschen Liberalismus und Föderalismus. Haben Sie ein liberales Leitbild für die Zukunft Europas? Erlaubt der Brüsseler Zentralismus noch, was Kernpunkte liberaler Postulate sind: Eigenverantwortung und Subsidiarität? Oder prägt Brüssel Europa durch Etatismus und Zentralismus nach französischem Vorbild?

Die Philosophie des Liberalismus ist auf jeden Fall wirksam. Sogar in England. Es ist interessant, dass im Vereinigten Königreich ein Drei-Parteien-System entstand, obwohl dort über Jahrhunderte nur zwei Parteien waren. Jetzt schafften es die Liberalen, mit Direktmandaten ins Parlament zu kommen. Also – wenn der Liberalismus klar auftritt, hat er in Europa eine mitreißende Zukunft.

Der Liberalismus entsteht aus bürgerlicher Präsenz, aus bürgerlichem Leben, bürgerlichem Denken und bürgerlicher Selbständigkeit. Gibt es einen europäischen Bürger? Oder braucht es den gar nicht, weil es ausreicht, europäisch denkender Hohenloher zu sein? Sie sind Hohenloher, bekennen sich dazu, und Sie sind zugleich Europäer und Weltbürger.

So gibt es Millionen andere auch. Das ist ein großer Mix aus Herkunft, Erfahrung, Ausprägung durch die Umgebung und aus der Vision, die man für die Zukunft hat. Wenn sie diese Komponenten alle zusammennehmen, dann wäre der Idealzustand in einem Staat, wenn es tatsächlich liberal zugehen würde, wenn alle Bürger liberal eingestellt wären, tolerant, eigenverantwortlich handeln würden, die Subsidiarität soweit wie irgendwie möglich zurückdrängen und einfach die Bürgerrechte, die Bürgerfreiheit ganz, ganz oben ansetzten. Europa ist in seiner Vielfalt ein Muster für Bürgerfreiheit – aber nur, wenn wir sie schützen. Deshalb sind die Methoden der Geheimdienste der USA für uns inakzeptabel. NSA-Genossen und -Konsorten sind tödlich für den Liberalismus.

Nicht auch das, was gemeinhin als der Brüsseler Zentralismus beschrieben wird?

Bis zu einem gewissen Grad brauchen wir Zentralismus. Partiell kann auch der Liberalismus zentralistisch sein. Der Liberalismus kommt nicht ohne Staatsmacht aus. Staatliche Ordnung besteht in Pendelbewegungen. Auch der Liberalismus braucht Recht und Ordnung.

In dem Zustand, in dem wir uns im Moment befinden, benötigen wir den Brüsseler Zentralismus. Das geht gar nicht anders, sonst würde jedes Land wieder machen, was es will. Und die Deutschen würden die Brüsseler Vorgaben überhaupt nicht in nationales Recht umsetzen, die Italiener und die Franzosen schon gar nicht, und dann würde Europa wieder verfallen. Also: Der Zentralismus nützt Europa – im derzeitigen Entwicklungsstadium. Darauf kann erst dann verzichtet werden, wenn genug gemeinsame Strukturen da sind, wenn die Grenzen tatsächlich geschleift sind und niemand mehr daran denkt, wieder Grenzkontrollen einzuführen; dann, glaube ich, kann man die Regionen wieder stärken und föderalistischer werden – aber im Moment brauchen wir diese harte Hand, die am Ende das Projekt ins Ziel bringt.

Würde Europa auseinanderdriften, wenn in Brüssel nicht eine so starke bürokratische Kraft wirkte?

Zumindest würde der weitere Einigungsprozess gefährdet. Die Partikularinteressen sind noch zu groß, vor allem jene der nationalen Politiker, die ihre Wiederwahl gefährdet sehen. Brüssel muss stark sein, um Europa voranzubringen. Und ich meine, dass dem so ist, wird von den nationalen Politikern bewiesen: Sie schieben möglichst die Schwachen aus ihren Parteien nach Brüssel ab. Dann haben die nationalen Politiker auf die Akteure in Brüssel mehr Einfluss, als wenn die Stärksten auf die europäischen Positionen delegiert würden. Man kann nur hoffen, dass das Europäische Parlament sich noch mehr als bisher profiliert. Das hat glücklicherweise schon begonnen. Die Parlamentarier lassen sich nicht mehr alles gefallen und sind aufmüpfig.

Das Europäische Parlament hat aus den Europawahlen von 2014 ein respektables und erfreuliches Selbstbewusstsein gewonnen. Es hat durchgesetzt, dass es den Kommissionspräsidenten wählen kann und alle Kommissare seine Zustimmung brauchen. Das Parlament und die Eurogruppe der EU haben zusammengewirkt, um den Griechen Brücken zu bauen, ob das den „Grexit" verhindern kann, ist fraglich. Auch in dieser Krise hat sich die EU bewährt. Ich hoffe, dass das anhält. Wir sprechen ja in einer Zeit, in der die Probleme mit Griechenland noch nicht gelöst sind, in der Ukraine Krieg herrscht und die Politik gegenüber Russland umstritten ist.

Kapitel 4
Der freie Unternehmer und die Politik

In der Tradition des Liberalismus

Zu viel Staat zerstört die Eigenverantwortung der Bürger / Das Versagen der FDP / Eine freie Gesellschaft braucht Förderung von Eliten

Sie haben sich in Ihren Vorlesungen und in vielen Vorträgen mit Grundsätzen der Unternehmensführung und -strukturen befasst. Sie verlangen Führungsstärke und Zielorientierung. Ist auf den Staat, auf das staatliche Handeln, übertragbar, was Unternehmen Erfolg bringt?

Ich bin froh, dass ich kein Politiker bin. Als Unternehmer haben Sie andere Handlungsmöglichkeiten. Sie haben mehr Macht und mehr Freiheit. Insofern sind Grundsätze der Unternehmensführung nur beschränkt auf staatliche Institutionen und gesellschaftliche Prozesse anwendbar.

In der Politik gelten andere Regeln als in der Wirtschaft. Wir haben jüngst ein prominentes Beispiel dafür erlebt, wie einer unserer erfolgreichsten deutschen Politiker zwei Jahre nach seinem Wechsel in die Wirtschaft scheiterte. Ich spreche vom früheren hessischen Ministerpräsidenten Roland Koch. Ein guter Politiker ist noch lange kein guter Unternehmer. Meistens werden ja Politiker, wenn sie den Wechsel wagen, als Verbindungsleute in ihr altes Beziehungsgeflecht eingesetzt. Mercedes hat sich dafür den Herrn Eckart von Klaeden geholt, früher Staatssekretär des Bundeskanzleramtes. Bei der Bahn kam der frühere bayerische Wirtschaftsminister in den Vorstand. Der ist jetzt im Ruhestand. Aber die Bahn holt sich gleich einen anderen Politiker – den früheren Chef des Bundeskanzleramts. Letztlich werden so aus Politikern gegen bessere Bezahlung Lobbyisten.

Alle Erfahrung zeigt: Wenn Politik bestimmt, was Unternehmen tun und lassen sollen, geht das meistens schief. Siehe die Skandale um Landesbanken, zum Beispiel in Bayern, wo aus Steuermitteln mit Milliarden das Loch gestopft werden musste, das durch den politisch eingefädelten Deal mit der Hypo Alpe Adria Bank entstanden war. Siehe die Desaster des Berliner Großflughafens und des Nürburgrings. Das betrifft nicht nur das einzelne Bundesland, sondern alle Steuerzahler. Weil das Verbrennen so hoher Steuereinnahmen letztlich alle angeht.

Wenn ein Unternehmer sich solche Fehlentscheidungen leistet, dann geht er zu Recht pleite. Was aber geschieht mit den Politikern, die in den Aufsichtsgremien solcher Projekte sitzen? Was mit den Managern, die aus der Politik in Führungspositionen der staatsgelenkten Unternehmen und Institutionen gehievt wurden – die früher oft selbst aktive Politiker waren?

Haben wir bei uns zu viel Staatswirtschaft?

Wir haben zu viel Staat. Das ist die Folge des Verfalls liberaler Grundsätze in unserer Politik. Das kommt auch davon, dass bei uns immer mehr Leute ihre Eigenverantwortung gerne an den Staat abgeben. Das greifen die Parteien nicht weniger gern auf, weil es ihnen Gelegenheit gibt, ihren Einfluss auszudehnen.

Der Liberalismus verlangt, dass jeder für sein Handeln verantwortlich ist. In den staatlich und parteipolitisch geprägten Bereichen der Wirtschaft ist die Verantwortung bis zur Unkenntlichkeit kollektiviert, das heißt: Es ist ein System entstanden, in dem verantwortungsloses Handeln im Gestrüpp von parteipolitischen und staatlichen Verflechtungen kaum mehr zu identifizieren ist. Demzufolge sind Verantwortliche auch kaum mehr haftbar zu machen. Da helfen dann auch keine Untersuchungsausschüsse.

Unternehmen sind hierarchisch gegliedert. Der Erfolg von Unternehmen wird hierarchisch hergestellt. Daraus entstehen auch Verantwortungsstrukturen. Das scheint dort, wo der Staat sich unternehmerisch betätigt, nicht zu funktionieren. Wozu braucht die Gesellschaft Hierarchien?

Das ist ein schwieriges Kapitel. Es gibt ja nicht nur schwarz und weiß auf der Welt, auch wenn uns das manche politischen Heilsbringer weismachen wollen. Sind nicht alle wichtigen Institutionen unserer Gesellschaft hierarchisch gegliedert? Über dem Amtsgericht steht das höhere Gericht, über den Verwaltungsgerichten des Landes entscheidet das Bundesverwaltungsgericht. Unsere föderalistische Staatsstruktur ist hierarchisch. Also: Auch in einer demokratischen Gesellschaft sind Hierarchien notwendig, damit nicht alles durcheinander geht. Hierarchien sind nicht undemokratisch – jedenfalls nicht mit unseren Verfassungen des Bundes und der Länder, in unserem freiheitlichen Rechtsstaat.

Der freie Unternehmer und die Politik

In unserer Gesellschaft verlangen sowohl die Gewerkschaften als auch gewichtige Stimmen in der evangelischen Kirche und mehrheitlich die Parteien immer mehr sogenannte Demokratisierung. Das schließt die Forderung nach Einführung demokratischer Strukturen in den Unternehmen ein. Das muss Ihnen ja gewaltig gegen den Strich gehen. In den meisten Ihrer Unternehmen gibt es nicht einmal Betriebsräte.

Das System, das wir hier in Deutschland heute haben, funktioniert ein bisschen holperig, aber immerhin ganz gut. Aber das ist auch nicht der Weisheit letzter Schluss. Das haben sogar die Arbeiter von VW in den USA bewiesen, die gefragt worden waren, ob sie einen Betriebsrat nach deutschem Muster wollen. Die Arbeiter haben abgelehnt. Ich bin immer dafür, die Dinge zu relativieren, zu beobachten, abzuwägen, Vor- und Nachteile anzuschauen.

Als Liberaler setze ich auf die Vernunft. Die gebietet, dass jeder an seiner Stelle Verantwortung für das Gesamte trägt. Das gilt für die Unternehmensführung, das gilt für Gewerkschaften. Wenn sich alle daran halten, sind auch Betriebsräte selbstverständlich nützlich.

Gleichwohl ist die Auseinandersetzung zwischen Unternehmern und Gewerkschaften eine machtpolitische Frage. Immer wieder spielt die gesellschaftliche Macht von Gewerkschaften, von Unternehmensverbänden und von Unternehmen in der Politik eine wichtige Rolle. Der klassische Liberalismus, der die Freiheit und Eigenverantwortung der Bürger dagegensetzt, erscheint unter diesen Umständen wie ein überholtes Modell.

Wenn Sie dieses Thema auf ein Machtspiel reduzieren, bin ich gar nicht einverstanden. Weshalb? Das hat etwas mit meiner liberalen Denkweise zu tun. Der Liberalismus gründet auf der Fähigkeit des Menschen, vernünftig zu denken und zu handeln. Wenn wir miteinander vernünftig umgehen, müssen wir keine Machtspiele treiben. Da ich nicht naiv bin, weiß ich, dass das Leben nicht immer so verläuft. Ich will aber an diesem Postulat als Grundposition für gesellschaftliches Handeln festhalten. Von dieser Fähigkeit zu vernünftigem Handeln geht auch das Betriebsverfassungsgesetz aus.

Es verlangt, dass die beiden Partner im Interesse der Mitarbeiter und des Unternehmens zusammenarbeiten. Im Grunde sitzt man ja im selben Boot. Wenn das Unternehmen nicht mehr wirtschaftlich funktioniert, geht es pleite. Deshalb ist diese Geschichte mit den Lufthansa-Piloten 2014 ein Paradebeispiel, wie unsinnig in dem Fall die Pilotengewerkschaft handelt. Die mit Jahresgehältern von 170.000 bis 200.000 Euro bezahlten Piloten müssten mehr Vernunft zeigen. Sie kennen den Wettbewerb im weltweiten Luftverkehr und die staatlichen Subventionen, welche die Airlines der Golfstaaten erhalten, die zugleich die Lufthansa bedrängen. Auch Turkish Airlines zieht mit dem Ausbau des Hubs in Istanbul immer mehr Verkehr an sich. Wenn die Lufthansa nicht aufpasst, ist sie in ein paar Jahren weg vom Fenster. Das wird dann ein Problemfall wie der von Alitalia. Da nützen den Piloten ihre hohen Gehälter nichts mehr. Das ist ein Muster für unvernünftiges Verhalten; es kann das Unternehmen an den Rand des Abgrunds führen.

Der Liberalismus gründet sich unter anderem auf die Lehre von Adam Smith, die besagt, dass in einer freien Gesellschaft eine unsichtbare Hand den Ausgleich zwischen Eigennutz und Gemeinsinn besorgt. In diesem Sinn verlangt der Eigennutz die Rücksichtnahme auf die Interessen der anderen Marktteilnehmer.

Das ist doch leicht verständlich. Wer nur egoistisch ist, schadet sich selbst. Eigennutz hat seine Grenze dort, wo man in der Gesellschaft die anderen schädigt, mit denen man zusammenleben, zusammenarbeiten, Handel treiben und Gemeinschaft praktizieren will.

Als Unternehmer bauen Sie darauf, dass Ihnen Ihre Mitarbeiter vertrauen. Das ist nicht einseitig möglich. Sie müssen auch Vertrauen in Ihre Mitarbeiter setzen. Das steht im Gegensatz zu dem gesellschaftlichen Phänomen, dass bei uns im Allgemeinen die Menschen dem Staat mehr vertrauen als privaten Unternehmen und damit der Wirtschaft insgesamt. Die Deutschen vertrauen dem Staat, nicht Ihnen und Ihren Unternehmerkollegen. Was haben Sie falsch gemacht?

Das ist so klar, Herr Detjen! Das kommt daher, dass der Staat sich zum Volksversicherungsunternehmen entwickelt hat. Zugespitzt auf den Punkt gebracht: Heute braucht kein Mensch mehr Selbstverantwortung. Jedes neugeborene Kind kriegt zwar gleich an die 50.000 Euro Schulden aufgebürdet, aber gleichzeitig das Versprechen auf lebenslange staatliche Fürsorge.

Dass der Staat letztlich seine Schulden immer den Bürgern aufbürdet, wer nimmt das schon wahr? Meine Generation und die unserer Eltern haben drei Währungsumstellungen erlebt – das Ende der Goldmark des Kaiserreichs, dann die Abschaffung der Reichsmark durch die D-Mark und dann die Ablösung der D-Mark durch den Euro. Die beiden ersten waren doch letztlich Staatspleiten. Bei solchen staatlichen Währungsmanipulationen sind immer die kleinen Leute die größten Verlierer. Der Staat saniert sich auf ihre Kosten.

Die dritte Währungsumstellung dieser beiden Generationen ist eine Ausnahme, weil die Abschaffung der D-Mark nicht die Folge der staatlichen Überschuldung, sondern der politischen Absicht war, der Einigung Europas eine währungspolitische Grundlage für ihre Zukunft zu geben. Jetzt müssen wir und die nächste Generation dafür sorgen, dass dieses große Vorhaben nicht den Bach runtergeht.

Die Schulden, die der Staat seinen Bürgern aufbürdet, erkennt der Normalbürger nicht als persönliche Last. Er ist ja als Bürger versorgt, vom Kindergeld bis zum Sterbegeld. Das Gebot der Nächstenliebe und der Hilfe für die Schwachen und Armen ist bei uns degeneriert in das staatliche Versprechen auf Versorgung in allen Lebensbereichen. Der so Versorgte hat nicht mehr die Pflicht zur Eigenverantwortung. Der Staat verspricht ihm, dass er nicht hungert, nicht friert, seine Kleidung und seine warme Wohnung bekommt. Weshalb sollte da jemand, der so verführt wird, die Liberalen wählen? Die sagen: Übernehmt gefälligst Selbstverantwortung und sorgt selbst für euch.

Das war einmal früher die FDP. Das ist eine Position, die kaum ein Politiker noch einnimmt. Die FDP ist vom politischen Markt verschwunden. Initiativen für Eigenverantwortung gefallen der Masse der Trägheit nicht.

Das hat auch der Bundeskanzler Schröder zu spüren bekommen, als er seine Agenda 2010 vorantrieb. Das war ein Programm mit marktwirtschaftlichen Grundsätzen. Es sollte den Vollkasko-Staat zurückstutzen. Schröder wurde das nicht gedankt, von den Wählern nicht, von der eigenen Partei nicht. Die hat ihn im Regen stehen lassen, wie sie es mit ihrem

Bundeskanzler Helmut Schmidt vorführte, als es 1982 um die Nato-Nachrüstung mit Pershing-Raketen ging.

Der Grundgedanke des Liberalismus hat sich historisch von England her gegen den Staat entwickelt. Ist das eine Freiheitstradition, die bei uns fehlt?

Freilich – bei uns muss man doch immer den Eindruck haben, die Obrigkeit gewährt Freiheit. Sie sehen ja, wo das hinführt. In unserer Gesellschaft mögen die Bürger mehrheitlich den fürsorglichen Staat. Sie fühlen sich in der Durchschnittlichkeit wohl. Daher kommt der Niedergang des Liberalismus. Und weil es die FDP nicht verstanden hat, eine Markenkultur aufzubauen. Die FDP-Führung hat gemeint, sie müsse, um Stimmen zu retten, die Volksparteien imitieren. Herr Westerwelle und seine Leute haben gemeint, sie müssten auf allen Politikfeldern wie die anderen Parteien wählbar sein. Die FDP hat den riesigen Fehler gemacht, dass sie einen Gemischtwarenladen aufgebaut hat; die wollten plötzlich Volkspartei sein und von der Sozialpolitik, über Justiz und Wirtschaft alles wie die anderen machen. Das musste ja daneben gehen! Das ist ganz logisch.

Ich war wenige Male für die FDP tätig, einmal sogar als Redner bei einer Wahlveranstaltung in Mecklenburg Vorpommern. Dabei habe ich unter anderem gesagt, die FDP sei nun mal die Partei der Besserverdienenden. Die haben mich hinterher schier gefressen. Die FDP-Leute haben gemeint, das darf man doch nicht sagen. Dieser Mangel an Mut, sich in der Gesellschaft klar zu positionieren, war der Untergang der FDP. Dem Liberalismus ist in der deutschen Politik die Heimatstatt verloren gegangen.

Die FDP hätte bei den Wahlen klipp und klar und ohne Kompromiss sagen müssen: „Wir vertreten die Interessen der besserverdienenden Bürger in der Republik." Dann hätte die FDP ihre zehn, elf Prozent immer sicher gehabt. Aber was ist stattdessen geschehen? Der Mittelstand, die Handwerker, die gutverdienenden Angestellten haben sich von der FDP nicht mehr vertreten gefühlt. Die sind parteipolitisch heimatlos geworden. Die wissen nicht, wohin sie sich jetzt politisch orientieren sollen. Dieser Wählerschicht der FDP blieb am Schluss nichts anderes übrig, als die Grünen zu wählen oder notfalls die CDU. Es gibt keine Standesvertretung, keine Interessenvertretung im politischen Bereich für den Mittelstand.

Also wäre das doch eine große Chance für eine erneuerte FDP, wenn sie sich wieder als die Partei der Freiheit, der persönlichen Verantwortung…

… und der Besserverdienenden!

Das muss ja nicht an erster Stelle stehen…

Nein, Herr Detjen, das halte ich für absolut falsch! Die müssten auf ihre Programme und Plakate als Erstes draufschreiben: „Wir sind die Partei der Besserverdienenden." Warum sollte man das verstecken – Donnerwetter? Das muss man in erster Linie sagen! Punkt! Dann sind die Besserverdienenden auch bereit, der FDP die Stimme zu geben.

Im Übrigen ist die FDP auch deswegen aus dem Bundestag herausgefallen, weil die CDU-Vorsitzende Merkel als Kanzlerin die FDP so gnadenlos untergebuttert hat. Die Frau Merkel hat die FDP grausam domestiziert. Die konnten ja überhaupt nichts tun in dieser schwarz-gelben Koalition, waren stranguliert von der CDU

Aber die FDP hat es sich gefallen lassen! Das ist doch Politik: Wer sich unterkriegen lässt…

Ja, natürlich. Vom Wahlprogramm der FDP ist in der letzten Legislaturperiode nichts realisiert worden. Die haben die FDP einfach ignoriert. Mit Parteioberen wie Guido Westerwelle, und wie die alle hießen, ist das auch kein Wunder. Mit dem Vorsitzenden Hans-Dietrich Genscher wäre das nicht passiert. Es war eine skurrile Situation. Die Parteivorsitzenden Westerwelle und Rösler waren keine überzeugenden Persönlichkeiten. Als Außenminister ist Herr Steinmeier doch ein ganz anderes Format, als es Herr Westerwelle war. Wenn Walter Steinmeier FDP-Chef gewesen wäre, wäre das anders gelaufen mit der FDP.

Haben nicht alle sogenannten Volksparteien, also die SPD, die CDU und die CSU, Grundgedanken des Liberalismus in sich aufgenommen und zum Teil in ihren Parteiprogrammen umgesetzt? Der liberale Gedanke war nicht mehr ein Markenunikat der FDP. Liberale Positionen wurden im Modell einer offenen Gesellschaft von anderen stark aufgesogen.

Wo sind diese anderen denn liberal? Ich sehe nichts Liberales; sie sind die Gestalter der Volksgeneralversicherung geworden!

> *In der Sozialpolitik – ja. Aber in anderen Politikfeldern sind die Unionsparteien und auch die SPD aus ihren ideologisch geprägten Milieus ausgewandert. Zum Beispiel in der Bildungspolitik, in der Rechtspolitik, in ihren Einstellungen zu den Künsten und im Hinblick auf die Einflüsse der Kirchen. Figuren wie Thomas Dehler oder auch Hildegard Hamm-Brücher fehlte heute der Widerstand, gegen den sie zu ihrer Zeit ankämpften. Damit konnten sie ihr liberales Profil schärfen. Die Zeiten eines Kultusministers Hundhammer am Salvatorplatz in München, der gegen den Gemeinschaftsunterricht von Buben und Mädchen kämpfte, der Bertolt Brecht in den Schulen auf den Index setzte – das kann man sich doch heute gar nicht mehr vorstellen. Die anderen Parteien haben der FDP einen Teil ihrer Grundlagen entzogen!*

Aber das ist ja nur Reden. Ich wiederhole: Im Tun ist nichts davon Liberalismus! Wenn die FDP tatsächlich liberales Gedankengut hätte, würde sie gegen diesen Unsinn der Rente mit 63 ankämpfen. Damit Sie mich richtig verstehen: Ich bin weder gegen die Renten noch gegen die Pflegeversicherung. Ich bin gegen die Aufhebung des Zusammenhangs mit der Eigenverantwortung. Der Grundsatz der Subsidiarität wurde längst aufgegeben – also der Gedanke, dass der Staat dort einspringt, wo die persönliche Vorsorge unverschuldet zusammenbricht, wo die Fürsorge und die Humanität die Staatshilfe gebieten. Das ist etwas ganz anderes als die jetzt vorherrschende Mentalität staatlich garantierter Vollversorgung. Von der Wiege bis zur Bahre regelt der Staat alles. Damit wird die Leistung der vorausgegangenen Generationen mit Geringschätzung und Missachtung bestraft. Die Generation unserer Eltern und Großeltern, als kein Mensch Kindergeld und Wohngeld und Heizungsgeld und Kleidergeld bekommen hat, zog ihre Kinder groß und hat sie lernen lassen. Die haben gespart und für die Zukunft der nächsten Generation Opfer gebracht. Heute versorgen die Parteien ihre Wähler auf Staatskosten zu Lasten der nachfolgenden Generationen.

Der freie Unternehmer und die Politik

*Sie beschreiben die Pervertierung der Sozialen Markwirtschaft. Ich
habe Sie immer so verstanden, dass Sie die Soziale Markwirtschaft
befürworten, wie sie Ludwig Erhard und sein Weggefährte Alfred
Müller-Armack vertreten haben, die Sozialpflicht des Eigentums eingeschlossen ...*

Wir leben in keiner Sozialen Marktwirtschaft. Wir leben in einer sozia-
listischen Marktwirtschaft. Das ist der Unterschied. Die Sozialpflicht des
Eigentums befolgen die Würth-Gruppe und meine Familie auf vielfältige
Weise.

*Wir haben beide die Anfänge der Sozialen Marktwirtschaft miterlebt.
War sie nicht damals ein Fortschritt, um Grundlagen für eine stabi-
lere, breit gefächerte, liberale Gesellschaft zu schaffen? War nicht die
Soziale Marktwirtschaft in ihrem Kerngedanken von Subsidiarität
und Eigenverantwortung die Voraussetzung für die Entstehung einer
liberalen Gesellschaft in Deutschland? Hat der Erfolg der Sozialen
Marktwirtschaft der FDP den Boden entzogen?*

Nicht der Erfolg, sondern die Pervertierung – oder noch deutlicher: die
Abschaffung. Dem hat sich die FDP nicht entschieden entgegengestellt.
Das ist ihr Problem. Das hat die FDP ihre Wählerstimmen gekostet.

Darüber hinaus verkümmerte der politische Nachwuchs. Persönlichkeiten, die früher den Liberalismus geprägt haben, von Theodor Heuss bis zu
Otto Graf Lambsdorff, sind nicht mehr da. Die FDP ist nicht nur deshalb
bei der letzten Wahl gescheitert, weil sie sich von der Bundeskanzlerin
und CDU-Vorsitzenden Merkel hat an die Wand spielen lassen. Ihr fehlten
die Persönlichkeiten, die Wähler anziehen und von der Notwendigkeit,
vom Nutzen liberaler Politik für die Gesellschaft überzeugen.

*Welche Persönlichkeiten haben Sie politisch beeindruckt und in Ihren
Einstellungen geprägt?*

Der erste Bundespräsident Theodor Heuss hat mir sehr gefallen. Ich
habe Heuss immer als Vorbild gesehen. Nicht nur mit seinen politischen
Ansichten, sondern auch menschlich. Er war gelassen, hatte einen gesun-
den Humor und Selbstironie. Er hat sich nicht zu ernst genommen, vor-
dergründig zumindest. Ich habe das Vorbild nicht als Schablone für eine

Imitation angesehen. Aber diese angenehme Art von Lebenseinstellung und Umgangsform strahlt Liberalität aus. Das entspricht auch meiner Lebenshaltung. Ich bin damit gut durchs Leben gekommen.

Haben Sie andere Vorbilder?

Auf jeden Fall waren mein Vater und mein Großvater Vorbilder für mich. Vor allem der Großvater. Das war so ein richtiger „Tue recht und scheue niemanden". Der hat noch den Kaiser-Wilhelm-Bart gehabt. Er war Kassenwart der württembergischen Landessparkasse in Ilsfeld. Mit seiner gestochenen Schrift hat er in die Sparbücher jede Mark eingetragen, die von Kunden eingezahlt wurde. Der Mann war beeindruckend. Bei ihm habe ich viele meiner Ferien verbracht. Ich war mit dem Großvater viel auf dem Feld, wir haben dort Gras geholt, Futter für die Kühe.

Auch mein Vater hat mich geprägt. Der war relativ streng. Bei ihm hat es manchmal einen hinter die Löffel gegeben, wenn es nicht so funktionierte, wie er sich das vorgestellt hat.

Solche Prägungen in der Familie sind etwas anderes als das, was man bei anderen Persönlichkeiten als vorbildhaft entdeckt. Mich hat Nelson Mandela ungemein beeindruckt – sein Mut, seine Ausdauer, sein Freiheitswille, sein fester Glaube an die Möglichkeit, eine bessere Welt zu schaffen. Solche Leitfiguren braucht die Welt, damit das Wissen erhalten bleibt, dass Freiheit manchmal mit Opfern erkämpft werden muss.

Ebenso braucht es Leute wie Robert Bosch als Leitfiguren. Der war mir als Unternehmer ein Vorbild. Der kam aus einer Bauernfamilie, einer von zwölf Kindern. Wurde Sozialdemokrat und dann Liberaler. Der ist ein Beispiel dafür, wie ein Unternehmer mit seiner Persönlichkeit und seinen Ideen über sein Leben hinaus ein Unternehmen prägen kann.

Kinder brauchen Vorbilder. Das beginnt bei den Kinderbüchern. Kinder haben ja den natürlichen Drang, von anderen zu lernen. Ich habe den Eindruck, das wird bei uns nicht mehr angemessen gefördert. Zumindest werden zu oft die falschen Vorbilder erzeugt, zum Beispiel in den Medien. Erfinder, Ingenieure, Entdecker, Geisteswissenschaftler – wo lernen Kinder sie noch als Vorbilder kennen? In den Schulen nicht, ich fürchte, in den Kirchen auch nicht. Die Familie als Vorbild ist für viele junge Leute ja noch ein Sehnsuchtsort. In der Praxis kommen immer weniger Kinder dorthin. Wenn vielerorts fünfzig Prozent der Kinder bei Alleinerziehenden aufwachsen, ist das nicht nur ein soziales Problem, sondern die Quelle von Defiziten, die sich in den folgenden Generationen schlimm auswirken.

So schwinden immer mehr Voraussetzungen, unter denen sich Liberalität in der Gesellschaft erhalten, geschweige denn entfalten kann. Ich bin da ziemlich altmodisch. Ich wünschte, die Familienstrukturen würden wieder intakt kommen. Kinder sollten so lange wie möglich die Familie als Grundstruktur unseres gesellschaftlichen Zusammenlebens erleben. Ich befürworte daher auch die Politik des Ministerpräsidenten Horst Seehofer, die Müttern, die sich um die Betreuung ihrer Kinder kümmern, eine Prämie zuspricht. In den Familien können am besten die Erfahrungen eines Generationen übergreifenden Zusammenlebens gemacht werden. Gegenseitige Verantwortung: Wo können Kinder das besser lernen als in den Familien?

Was tun Sie als Unternehmer dafür?

Ja, hier sind alle Unternehmer und Unternehmen gefordert. Sie müssen es jungen Familien ermöglichen, Berufsarbeit und Familienleben gleichzeitig zu praktizieren. Bei der Würth-Gruppe haben wir dafür schon viel getan. Ich weiß, dass es noch nicht genug ist. Unsere nächsten Schritte werden Kinderbetreuungen in den Unternehmen sein. Wir sind gerade dabei, das Modell dafür in die Praxis zu bringen.

Wenn die Persönlichkeiten fehlen, die politische Positionen im Alltag sichtbar machen, dann verlieren die Parteien ihre Anziehungskraft.

Ideen brauchen, um wirksam zu werden, Personen, die ihnen Identität geben. Das lernen wir aus der Geschichte. Übrigens nicht nur für die Politik. Das gilt auch in Unternehmen. In jedem Unternehmen steckt eine Idee. Der Unternehmer verkörpert sie. Ich meine, so sollte es zumindest sein.

Für Sie persönlich trifft es zu.

Wenn Sie's so sehen. Ich hab' nichts dagegen.

Zurück zur FDP. Wo sind die Persönlichkeiten, die dem Liberalismus seine Gesichter geben können?

Ich meine, das ist die Katze, die sich in den Schwanz beißt. Wenn die Politik einer Partei nicht stimmt, dann fühlen sich auch Nachwuchskräfte nicht angezogen, dort hinzugehen. Ich wette, wenn die FDP auf ihre Fahnen schreiben würde: „Wir sind die Partei der Besserverdienenden", dann würde die FDP auch entsprechendes Personal gewinnen. Dann würde wieder sichtbar, wie wichtig die Grundgedanken des Liberalismus für die europäische Wirtschafts- und Finanzpolitik und damit für den weiteren Erfolg der deutschen Wirtschaft sind. Politischer Liberalismus, der für Freiheit, individuelle Persönlichkeits- und international anerkannte Menschenrechte steht, muss unsere internationalen Beziehungen prägen, gehört zur Fortentwicklung der Bildungspolitik und zu unserem Verständnis von Kulturpolitik. Hier geht es um mehr als Sozialpolitik. Wenn die FDP sich wieder einen Markenkern gibt, dann zieht sie auch wieder die Personen an, die ihr politisches Gewicht repräsentieren. Und dann wird sie auch wieder in den Bundestag kommen, da bin ich ziemlich sicher.

Die USA haben die Elite-Universitäten wie Stanford, Princeton und Harvard, die Talente aus der ganzen Welt anziehen. Sie, Herr Würth, fördern als Unternehmer selbst Forschungsvorhaben, Sie haben in Karlsruhe als Professor gearbeitet, Sie haben die Gründung von Hochschulen im Norden Baden-Württembergs vorangetrieben. Ist das einstige akademische Musterland der Gebrüder Humboldt international ins Hintertreffen geraten?

Ja, die Anziehungskraft hat sich gedreht. Das kommt daher, dass die USA die Eliten vorbehaltlos und konsequent fördern. Den Unterschied mache ich an einem Beispiel deutlich: Die USA haben eine doppelt so hohe Analphabeten-Rate wie Deutschland. Und trotzdem erhalten die Amerikaner die meisten Nobelpreise.

Stirbt bei uns der Liberalismus, weil es an Eliten und an Wertschätzung elitärer Erfolge fehlt?

Die Macher, die eine Idee in der Gesellschaft verwirklichen, sind in der Politik selten geworden. Es erfordert politischen Mut, gegen den Marsch in die Gleichförmigkeit öffentlich anzutreten, gegen den Trend in der ganzen Republik, sich in der Menge zu bewegen, nicht aufzufallen, weder nach oben noch nach unten. Das geht bis ins Erziehungssystem.

Der Liberalismus setzt sich nicht von allein durch; er braucht gesellschaftliche Strukturen, Menschen, die für sich selbst sorgen können, und freie Informationsmöglichkeiten. In zu vielen Ländern fehlen leider noch zu viele Voraussetzungen, unter denen sich der Liberalismus entfalten könnte. Da fehlt es an Bürgerbewusstsein, an Erfahrung mit der Freiheit des Einzelnen, an wirtschaftlicher Substanz, an Geschichtskenntnis, überhaupt an Bildung – und vor allem an Rechtssicherheit. Überall in der Welt mehren sich jedoch die Freiheitsimpulse. Das Internet fördert das, zum Beispiel in Russland und in China.

Braucht eine liberale Gesellschaft zu ihrer Selbsterhaltung die Förderung von Eliten?

Das ist die Grundvoraussetzung. Manchmal habe ich den Eindruck, die Politik glaube, wenn sie die Anforderungen an die Bildung und Leistung in Schulen und Hochschulen senke, vertreibe sie die Komplexität aus dem modernen Leben. Das Gegenteil ist der Fall. Das Zusammenleben in offenen Gesellschaften verlangt von den Menschen mehr Fähigkeiten und Kenntnisse als in der alten Zeit, als die Obrigkeit bestimmte, wo's langgeht. Das war ziemlich bequem. Da galten noch die Grenzen zwischen den Regierten und den Regierenden. Der Liberalismus hat sie beseitigt und die offene Gesellschaft geschaffen.

Damit müsste die Rolle von Eliten an Bedeutung verlieren. Wenn jeder seine Verantwortung für sich als Individuum und für den Staat als Bürger wahrnimmt – gilt das nicht als liberales Leitbild?

Jede Gesellschaft braucht Leitbilder. Sie braucht aber auch Strukturen und Führung. Wer schafft die Voraussetzungen dafür, wenn nicht die Eliten? Wenn ein Volk die Eliten nicht massiv fördert, bleibt es im Matsch der Durchschnittlichkeit und wird in der globalisierten Wirtschaftswelt keine Spitzenpositionen dauerhaft halten oder erringen können. Auf manchen Gebieten ist Singapur in der Heranbildung von Eliten heute viel weiter als wir und die Chinesen. Die sind gnadenlos in ihrem Streben. Ich will das nicht idealisieren. Aber das Beispiel macht den Kontrast zur Entwicklung bei uns umso deutlicher.

Und wir dürfen den Begriff Elite nicht nur im akademischen Sinn begreifen. Auch die rein technischen Berufe gehören dazu, die Ingenieure, die Elektroniker. Und die Handwerker! An die wird viel zu wenig gedacht, wenn wir von Eliten sprechen. Die technischen Handwerksberufe verlangen heute Fertigkeiten und Kenntnisse, an die manches akademisch hochgepäppelte Fach nicht herankommt.

Unser Problem ist, dass die Politik die Durchschnittlichkeit geradezu zum Normalfall erhebt, um niemandem weh zu tun. Glücklicherweise sind wir immer noch Zweite im Weltexport. Pro Kopf gerechnet sind wir mit unserem Export noch vor den Chinesen. Wir haben in der Wirtschaft und in vielen Gebieten der Technik noch eine Spitzenposition.

Eine Stärke unserer Wirtschaft ist das ununterbrochene Lernen während des Tuns, das Learning by Doing. Unsere Position wird aber kaum aufrechtzuerhalten sein, wenn wir nicht erreichen, dass die Eliten viel mehr als bisher gefördert werden. Wenn das nicht geschieht, dann verschwinden wir vom Weltmarkt. Dass die Bundesregierung das sieht, zeigt die Einrichtung und finanzielle Förderung von Elite-Universitäten aus dem Bundeshaushalt. Glücklicherweise hat die Politik erkannt, dass hier Schwerpunkte gesetzt werden müssen.

Die Hochschulen spielen eine wichtige Rolle. Talente müssen entdeckt werden. Diese Leistung schulden die Hochschulen der Gesellschaft. Ein guter Lehrer an einer Universität oder einer Fachhochschule erkennt, welche seiner Studenten besondere Fähigkeiten mitbringen, und er fördert die Talentierten. Deshalb hat auch unser stark staatsbestimmtes Hochschulsystem die Möglichkeit, Eliten zu entdecken und voranzubringen.

Ein Glück, dass man ansatzweise auch auf Länderebene in den staatlichen Institutionen eine gewisse Änderung vorgenommen hat. Ich denke da zum Beispiel an den Schuldienst in Baden-Württemberg. Da gilt nicht mehr das Peter-Prinzip, dass befördert wird, wer die längste Dienstzeit aufweist. Da wird mehr als früher auf Leistung und Erfolg geachtet.

Welche Rolle können Unternehmen bei der Elitenbildung spielen? Tun sich Unternehmen leichter als staatliche Systeme, Eliten zu bilden? Alleine dadurch, dass sie hierarchisch gegliedert sind und hierarchisch funktionieren?

Unsere Spitzenleistungen in der Exportindustrie sind doch Ergebnisse von Eliten! Erfolge von Eliten der Ingenieure, der Erfinder, der innovativen Unternehmer, der Facharbeiter mit ihrer Präzision und Zuverlässigkeit, der Maschinenbauer mit ihrem Ideenreichtum. Die bringen unsere Wirtschaft voran, warten nicht auf Umverteilung und Subvention. Das sind elitäre Systeme, die auf hohen Leistungen, auf Fleiß und Verantwortungsbewusstsein und auf Ehrgeiz beruhen. Ausbildung in den Unternehmen ist irgendwie immer am Ziel orientiert: Wir wollen in unserem Markt mit unserer Kompetenz und unseren Produkten die Besten sein und bleiben.

Seit ein paar Jahren findet in Schwäbisch Hall jedes Jahr ein Kongress der Weltmarktführer statt. Es hat mit den Maschinenbauern der Region angefangen – jetzt kommen immer mehr Teilnehmer aus ganz Deutschland dazu. Da zeigt sich eine Elite von ihrer besten Seite. Sie ruht sich nicht darauf aus, Weltmarktführer zu sein. Sie tauscht sich darüber aus, wie durch ständige Innovation die Position immer wieder aufs Neue verteidigt werden kann.

Aber: Unternehmen können als Faktoren des Liberalismus nicht politisch wirksam werden wie Parteien oder staatliche Institutionen. Im Prinzip ist es ja gut, dass unsere staatliche Ordnung den Parteien in der politischen Willensbildung und der Umsetzung politischer Ideen die tragende Rolle zuweist. Darauf gründet die parlamentarische Demokratie. Umso mehr bedauere ich, dass die FDP diese Aufgabe nicht erfüllt hat, dass sie diese Chance verspielt hat.

Trotzdem sind und bleiben Unternehmen und Unternehmer mit ihrer Eigenverantwortung ein wichtiger Ausdruck von Liberalität im Alltag unserer Gesellschaft. Allerdings bedrängt von der Expansion staatlicher Einengung und Reglementierung.

Wir haben eine starke Tradition obrigkeitlichen Denkens. Das hat auch etwas mit unserer Kirchengeschichte zu tun. Obrigkeit und Kirche waren immer stark miteinander verbunden. Daraus entwickelten sich obrigkeitlich geprägte Strukturen und das Bild vom guten Fürsten, der für die Seinen sorgt. Ging daraus auch unsere Vorstellung vom fürsorglichen Staat hervor?

Ja, da stimme ich Ihnen zu. Das hat auch mit dem Pietismus zu tun, der hier in Württemberg besonders ausgeprägt ist. Die Badener waren uns im Hinblick auf Emanzipation vom Staat weit voraus, wurden Revoluzzer – und nicht zuletzt auch Liberale. Die Universität Freiburg spielte dabei bis in unsere Tage eine wichtige Rolle.

Die von Obrigkeit geformte Struktur in der evangelischen Kirche ist heute nicht mehr so ausgeprägt wie früher. Die heutigen Pfarrer sind ja frühere 68er. Aus dieser Sozialisation sind sie eher gegen die Obrigkeit eingestellt.

Das System der Kirchensteuer schätzen auch die Alt-68er in den Kirchen. Das fördert doch ihre Anhänglichkeit zum Staat.

Das ist schon richtig. Aber es läuft in großen und kleinen Bögen immer wieder auf den einen Punkt hinaus: Der Staat hat sich in Deutschland einfach zur Generalversicherung des Lebens entwickelt.

Der wachsenden Staatsgläubigkeit in Europa steht in den USA eine andere Tradition gegenüber. Bis in die Demokratische Partei hinein ist in den USA der liberale Grundsatz der Beschränkung des Staates und des Vorrangs der Eigenverantwortung quicklebendig. Erfreut das den Liberalen Würth?

Auch in den USA gilt im Zweifelsfall das Parteikalkül. Das sehen wir an den Knüppeln, die Präsident Obama von den Republikanern und sogar aus der eigenen Partei zwischen die Beine geworfen werden. In den USA beschränkt sich der Liberalismus, wie wir ihn jetzt verstehen, auf die intellektuellen Oasen an der Ostküste und auf Biotope an der Westküste. Nach meiner Beobachtung ist die Gesellschaft der USA tief gespalten, sozial und in ihren politisch wirksamen Strukturen. Außenpolitisch mit wachsender Tendenz zur Abwendung von Europa! Da breitet sich eine andere Generation aus. Die hat keine historisch gewachsene gemeinsame Wurzeln mit Europa mehr wie die vorausgegangene, von der die Nato als westliches Bündnis mit Europa gegründet wurde.

In unserer Generation haben wir erlebt, wie sich die Gesellschaft nach links bewegte, angezogen von einer ideologisch inspirierten Kraft. Das waren die 68er-Jahre und die ihr folgende Zeit. Damals entstand der Sog in der Gesellschaft nicht aus dem Versprechen auf

eine staatliche Vollversorgung. Die Energie kam aus dem Glauben an
die Überwindbarkeit des Kapitalismus durch Veränderung der gesell-
schaftlichen Struktur. In der Rückschau scheint es, dass die damaligen
Erwartungen auf weniger Staat, nicht auf mehr Staat gerichtet waren.
Wie haben Sie das erlebt?

Ich habe mich nicht viel darum geschert. Ich habe schaffen müssen. Ich
habe mich um meinen Betrieb gekümmert. Unternehmer zu sein, war
damals ein ganz anderes Thema als heute. Als Unternehmer erkennbar zu
sein, das führte seinerzeit fast zu einem Spießrutenlauf .

Als der damalige Präsident der Bundesvereinigung der Arbeitgeberver-
bände, Hanns Martin Schleyer, von der RAF ermordet wurde, war meine
Frau in Künzelsau beim Friseur. Eine Frau hat gesagt: „Ja, das mit den
Kapitalisten, das ist ganz recht, dass sie den tot gemacht haben!" Meine
Frau war entsetzt, hat heftig dagegen gesprochen.

So würde man das Gott sei dank heute nicht mehr hören. Seither hat
sich viel verändert. Die Bevölkerungsmehrheit sieht die Wirtschaft und
die Unternehmen positiver als die 68er. Die Menschen haben ein anderes Verständnis. Unser Wirtschaftssystem ist in der Bevölkerung stärker
verankert und mehr geschätzt als damals. Das ist eine Paradoxie, die mit
dem Vollkaskostaat parallel verläuft. Der Zeitgeist war seinerzeit auch eine
Spätfolge des Zweiten Weltkriegs und des Nationalsozialismus. Heute entzündet sich die Kritik an unserem Wirtschaftssystem an den undurch-
schaubaren globalen Finanztransaktionen. Sie drohen die Ordnungspoli-
tik außer Kraft zu setzen, die unsere offene Gesellschaft konstituiert hat.
So wird der Liberalismus von zwei Seiten geschwächt: Der Expansion des
Staates mit intransparenten Strukturen steht die Ausbreitung anscheinend
nicht mehr zu kontrollierender Finanzströme gegenüber. Beides sind Entwicklungen, gegen die unsere klassische Vorstellung vom Liberalismus
machtlos erscheint.

Im Übrigen – was sind die 68er von damals dagegen? Heute Ex-Bundes-
kanzler, Oberbürgermeister, Ministerpräsidenten, Unternehmer – kurz,
wohl etabliert und zumeist mit hohem Lebensstandard Teil unserer
Gesellschaft. Die haben gemerkt, dass zwar die Wirtschaft nicht alles ist,
aber ohne Wirtschaft alles nichts. Schauen Sie nur einmal, wie viele der

Alt-68er auf die Seite der Wirtschaft gewechselt sind, wie der ehemalige Pflastersteinwerfer Joschka Fischer.

Schleyer verfocht den Grundgedanken, dass Eigenverantwortung durch Eigentum gefördert wird. In der Bundesvereinigung der Arbeitgeberverbände leitete er eine Arbeitsgruppe „Eigentum in Arbeitnehmerhand". Schleyer wollte durchsetzen, dass man sich in den Unternehmen mehr mit dem Postulat befasst, durch Eigentumsbildung dem Kommunismus und der damals schon erkennbaren Tendenz zum Versorgungsstaat entgegenzuwirken. Schleyer traf auf große Widerstände. Ist bei den Unternehmern das Bewusstsein von der Bedeutung breit gestreuten Eigentums in der Gesellschaft verlorengegangen?

Es fehlt nicht an Einsicht und Erkenntnis. Aber die Diskussion hat sich zu sehr auf das Thema Betriebsrenten fokussiert. Wenn man die Eigentumsbildung auf Betriebsrenten herunterbricht, wird daraus ein brandgefährliches Thema. Ich habe zu viele Betriebe an den Kosten von Betriebsrenten scheitern sehen. Siehe Lufthansa. Das ist eine Katastrophe. Die haben viel zu hohe Rentenverpflichtungen. Aber sie haben es nicht bilanziert. Weil sie ein Wahlrecht hatten, ob sie es bilanzieren wollen oder nicht. Die AEG ist an der Rentenlast gescheitert und noch viele andere. Die Berge von Rentenzusagen, die noch abgetragen werden müssen, sind ein riesiges Problem.

Ich habe mich da immer gewehrt und bin heute froh, es durchgesetzt zu haben, dass wir bei uns im Konzern eine Betriebsrente in moderater, man kann auch sagen bescheidener Dimension haben. Ich habe den Grundsatz vertreten: Wir zahlen lieber ein bisschen besser. Die Mitarbeiter sollen dadurch in die Lage versetzt werden, in eigener Verantwortung ihre Altersversorgung zu regeln. Das entspricht im Übrigen ja auch dem Subsidiaritätsprinzip.

In Baden Württemberg ist der Gedanke des Eigentums als Grundlage von Eigenverantwortung doch noch sehr stark…

Aber die Eigentumsquoten sind nicht so stark wie in Spanien oder Italien. Dort haben die Leute in viel höherem Prozentsatz als bei uns ein eigenes Haus. In Italien und Spanien haben viel mehr Bürger Wohnungseigentum als bei uns. Mit unseren Raten von Wohnungseigentum bei Privatpersonen liegen wir in Europa ziemlich am Ende.

Statistik! Die Statistik weist für Griechenland eine höhere Rate an Eigentum in puncto Boden und Häuschen aus als für Deutschland. Wenn man sich die Häuser oder die Wohnungen der Mehrheit in Griechenland anschaut, dann ergibt sich: Solche Statistiken sind mit unseren Standards nicht vergleichbar. Hier kommt ein qualitativer Faktor ins Spiel.

Trotzdem spiegelt sich darin ein wichtiger gesellschaftlicher Unterschied. Wir sehen darin einen Lebensstil, der weniger an der staatlichen Versorgung und mehr an der Eigenständigkeit orientiert ist. Allerdings beobachte auch ich, dass in ganz Europa die Tendenz zu mehr Staat geht, vielleicht das Vereinigte Königreich ausgenommen.

Ihre Feststellungen werden überlagert von der weit verbreiteten, oft von amtlichen Statistiken unterlegten Empfindung, dass die Eigentumsverteilung bei uns ungerecht ist. Weil Leute wie Sie immer reicher werden und andere, die keinen Kapitalbesitz haben, dagegen immer weiter zurückfallen. Hinzu kommt der Eindruck, dass die sogenannte Mittelschicht in der Gesellschaft zwischen reich und arm zerquetscht wird.

Ich sehe das nicht so. Das stimmt ja auch nicht, Herr Detjen, wenn Sie die Statistiken richtig anschauen. Die Reichen werden schon reicher, das ist richtig. Aber die Mittelschicht wächst auch; das ist nicht so, dass die abgeschafft wird. Die Bundesbank hat in diesen Tagen veröffentlicht, dass die Deutschen immer reicher werden. So reich waren wir insgesamt nie zuvor. Da kamen dann immer wieder Krieg und Währungsreformen dazwischen.

Heute gibt es in Deutschland einen Wohlstand in der gesamten Bevölkerung, von dem die Generationen vor uns nur träumen konnten. Und außerdem: In den pauschalen Statistiken über die ungleiche Vermögensverteilung werden in der Regel die Rentenansprüche jedes Arbeitnehmers an die unterschiedlichen Versorgungssysteme zu wenig gesehen – von den staatlichen Systemen über die berufsständischen Versorgungswerke bis zu den Betriebsrenten. Das gehört aber zum Vermögen jedes Einzelnen, auch wenn er darauf nicht direkt und jederzeit zugreifen kann.

Und wir wissen doch auch: Es gibt keine absolute Gerechtigkeit auf der Welt. Wieso wurden Sie und ich in Deutschland geboren und nicht in Äthiopien oder in Birma oder sonst wo? Ich meine, sie können noch so viel Gutes tun und ihr ganzes Vermögen weggeben, sie retten damit die Welt nicht. Die Armut ist nicht dadurch zu beseitigen, dass man sie gleichmäßiger verteilt. Nur das würde geschehen, wenn man den Reichen alles abnähme und gleichmäßig auf der Welt verteilte. Das Armutsproblem auf der Welt muss durch wirtschaftliche Entwicklung in den armen Ländern bekämpft werden.

Das Bild von den wenigen, die immer reicher und den Armen, die immer zahlreicher werden, verbreitet sich medial weltweit. Das wird politisch wirksam. Was können die, die noch an die Bedeutung des Liberalismus glauben, dem entgegensetzen?

Schaffe! Es gibt zu viele Menschen, die immer nur bemängeln und bemäkeln. Oft sind es solche, die gar nicht daran denken, die Ärmel hochzukrempeln und einfach loszuschaffen. Wenn diese Einstellung in der Politik die Oberhand gewinnt, geht's mit der Gesellschaft abwärts. Dann gerät die wichtigste Voraussetzung des allgemeinen Wohlstands in Vergessenheit: Der Grundsatz, dass Wohlstand durch Arbeit verdient werden muss. Dass alles, was verteilt wird, vorher irgendwo verdient werden muss. Ich habe heute Morgen schmunzelnd in der Zeitung von der anstehenden Bürgermeisterwahl in einer Gemeinde in Baden-Württemberg gelesen. Da hat sich einer beworben, der befindet sich im Moment auf einer Fahrradtour durch Europa und ist jetzt von Portugal hierher zurückgekommen, um ein bisschen Wahlkampf zu machen. Der will sich zum Bürgermeister wählen lassen und dann mit dem Fahrrad wieder nach Portugal fahren. Natürlich sind die Leute vernünftig genug, ihn nicht zu wählen. Aber ein Symptom für den Zustand der Gesellschaft sehe ich darin, dass so ein Mann glaubt, er sei für eine verantwortliche Position an der Spitze einer Gemeinde geeignet.

In der Welt des globalen Finanzkapitalismus ist der Hinweis, dass alles, was verteilt wird, durch Arbeit verdient werden muss, wenig überzeugend. Das große Geld vermehrt sich ohne Arbeit. Setzen sich im Kapitalismus nicht die Gier und der Eigennutz immer ungebremster durch? Nehmen wir als Beispiel die Manipulationen bei Banken …

Adolf und Alma Würth mit ihren beiden Söhnen, um 1949
Foto: Würth-Firmenarchiv

Adolf Würth und Sohn Reinhold,
um 1952
Foto: Würth-Firmenarchiv

Erstes eigenes Firmengebäude in Künzelsau, 1952

Foto: Würth-Firmenarchiv

Die Zentrale der Würth-Gruppe in Künzelsau-Gaisbach heute

Foto: Würth-Firmenarchiv

Freundschaftlich verbunden: Reinhold Würth und der Fotograf Paul Swiridoff
Foto: Roland Bauer, Braunsbach

Bundespräsident Roman Herzog 2001 im Gespräch mit Reinhold Würth
Foto: Würth-Firmenarchiv

Mit vielen Künstlern im Austausch, hier mit Sir Anthony Caro
Foto: Eva-Maria Kraiss, doc bild&text, Schwäbisch Hall

Eine der bedeutendsten Erwerbungen auf dem europäischen Kunstmarkt:
Die Holbein-Madonna wird in der Johanniterkirche in Schwäbisch Hall als zentrales Werk
der Alten Meister in der Sammlung Würth vorgestellt
Foto: Eva-Maria Kraiss, doc bild&text, Schwäbisch Hall

Reinhold Würth in der Kunsthalle Würth in Schwäbisch Hall mit Georg Baselitz (rechts), Thaddaeus
Ropac (2. von rechts), Bundeskanzler Gerhard Schröder (links) und Werner Spies (2. von links)
Foto: Eva-Maria Kraiss, doc bild&text, Schwäbisch Hall

Kritischer Blick auf Qualität: Reinhold Würth prüft in China ein Produkt der Würth-Linie
Foto: privat

Der Entdecker am Bootssteuer
Foto: privat

Reinhold Würth im Zentrum der großen Führungskräfte-Konferenz der Unternehmensgruppe
Foto: andi Schmid, München

Reinhold Würth im Kreis des Stiftungsrates der Stiftung zur Förderung der Reinhold-Würth-Hochschule mit Wissenschaftsministerin Theresia Bauer

Foto: Würth-Firmenarchiv

Der Pilot: Reinhold Würth im Cockpit seiner „Falcon"
Foto: andi Schmid, München

Reinhold Würth mit Begleitern an einer Grabungsstätte in Syrien
Foto: Andreas Körner, Stuttgart

Als in Syrien noch kein Krieg war: Reinhold Würth bei der Besichtigung von Ausgrabungen, die er förderte

Foto: Andreas Körner, Stuttgart

Nach außen geschützt – von innen alles im Blick

Foto: Andreas Körner, Stuttgart

Reinhold Würth mit seiner Tochter Bettina, die als Beiratsvorsitzende seine Nachfolgerin ist

Foto: Würth-Firmenarchiv

Der Patriarch und seine Frau Carmen Würth

Foto: andi Schmid, München

Reinhold und Carmen Würth in der Großfamilie mit Kindern, Enkeln und Urenkelin

Foto: Würth-Firmenarchiv

Was sich viele Großbanken geleistet haben – das ist nicht mehr mit meiner Vorstellung von verantwortungsvollem Handeln zu vereinbaren. Da haben manche Beobachter nicht ohne Grund einen Vergleich mit einer kriminellen Vereinigung herangezogen.

Selbst eine Fackelträgerin des Liberalismus wie die Neue Zürcher Zeitung hat wiederholt geschrieben, dass durch die Entgrenzung der Finanzströme und durch ungezügelte Profitgier die Grundideen des Liberalismus kaputt gemacht werden.

Deshalb sind die internationalen Bemühungen um die Einschränkung dieser Auswüchse so wichtig.

Stellt sich unsere Wirtschaftsordnung mit den Manipulationen des Finanzsystems, mit rücksichtsloser Ausbeutung der Natur und damit der Schöpfung nicht selbst in Frage?

Die Frage ist, ob unter den globalen Bedingungen die Märkte diese Probleme noch lösen können, wie man sich das als Liberaler und als Marktwirtschaftler wünscht. Die Weltgeschichte zeigt, dass weder ein Weltreich noch eine Dynastie ungebremst in die Zukunft hinein immer reicher geworden sind. Irgendwo werden solche Entwicklungen gestoppt, weil ungeahnte Hindernisse auftauchen. Falsche Entscheidungen, exogene, interne, können so einen Stopp bewirken. Nicht nur in der Wirtschaft – siehe Rothschild, siehe Krupp –, auch in der Politik, siehe Karl der Große oder Napoleon. Irgendwann werden die Karten neu gemischt.

Natürlich stelle auch ich mir die Frage: Wo führt der Kapitalismus überhaupt hin? Wo ist das Ende? Die Bäume können nicht in den Himmel wachsen, das ist ganz logisch. Es gibt Grenzen des Wachstums, es gibt Grenzen des Reichtums ganz allgemein – aber wer markiert sie, wer legt sie fest?

Kapitel 5
Von der Verantwortung der Medien

Wer kontrolliert die Kontrolleure?

Medien verspielen Vertrauen / Weshalb fand der Appell für eine neue Russlandpolitik so wenig Aufmerksamkeit?

Vorbehalte gegen die Medien im Allgemeinen, bestimmte Zeitungen und Programme im Besonderen sind in der Wirtschaft weit verbreitet, auch wenn sie selten offen ausgesprochen werden. Dahinter stehen beiderseitige Missverständnisse. Zuweilen ist zu vernehmen, die Macht der Medien sei zu groß geworden, müsse begrenzt werden. Wie halten Sie es mit den Medien?

Unbeschadet meiner kritischen Distanz zu unseren Medien weiß ich zu schätzen, wie wichtig freie Medien für eine offene Gesellschaft und einen demokratischen Staat sind. Meine kritische Distanz hängt mit meinem Verständnis von Verantwortung zusammen. Für meine Kritik gibt es drei Ansätze. Erstens vermisse ich zu oft, dass Zeitungen, Radio und Fernsehen unvoreingenommen informieren und stattdessen unvollständig, einseitig oder gar propagandistisch agieren. Das jüngste Beispiel ist, wie ARD und ZDF in ihren wichtigsten Nachrichtensendungen den Aufruf für eine neue Russlandpolitik ignoriert haben. Unter anderen haben Bundespräsident a.D. Roman Herzog und der frühere Bundeskanzler Gerhard Schröder unterschrieben.

Zweitens maßen sich Medien das Recht auf Vorverurteilungen an, das ihnen nicht zusteht. Wer über andere urteilt, wie das die Medien oft und zu schnell tun, der muss sich öffentlich seiner Verantwortung stellen. Da genügt es mir nicht, dass sich Zeitungen und Sender auf ihre Wächterfunktion berufen. Oder auf den verstärkten Medienwettbewerb. Wer kontrolliert die Wächter?

Drittens betrifft speziell das Fernsehen, insbesondere die öffentlich-rechtlichen Sender: Da werden die falschen Vorbilder für Kinder und Jugendliche produziert. Es wird ein Starkult um Leute betrieben, die mit Shows und Glamour den jungen Leuten vorgaukeln, das Leben spiele sich am besten als Unterhaltung und Party ab. Leistung wird allenfalls im Sport gezeigt. Wie wichtig harte Arbeit in Wissenschaft und Forschung für unsere Gesellschaft, für unseren Wohlstand ist – das vermitteln diese Medien kaum oder nicht so, dass junge Leute daraus Ziele für ihre eigenen Lebensentscheidungen ableiten können.

Trotzdem wollen Sie doch die Medien sicher nicht staatlicher Aufsicht oder Reglementierung durch die Politik unterwerfen?

Nein. Weder dem einen noch dem anderen. Die Medien müssen aus eigener Einsicht und Kompetenz und im Bewusstsein ihrer Verantwortung ihre Funktion erfüllen. Das setzt voraus, dass sie ihre Macht nicht mit einem Alleinherrschaftsanspruch verbinden, dass sie von anderen nicht mehr Moral und Anstand verlangen als von sich selbst. Sie sollen so informieren, dass sich die Bürger ihre eigene Meinung bilden können. Vor allem die Fernsehanstalten manipulieren über ihre Informationsauswahl und die Art ihrer Darstellung von Ereignissen und Personen ihre Zuschauer. Deshalb wendet sich der Aufruf für eine neue Russlandpolitik ausdrücklich auch an die Medien.

Ich habe noch die Zeit erlebt, als es nur die Propaganda des Nazi-Reichs gab. Als Bub habe ich miterlebt, wie mein Vater Radio Beromünster, den Schweizer Auslandssender, gehört hat. Das war damals illegal. Wer ausländische Sender hörte und sich dabei erwischen ließ, wurde, oft schwer, bestraft. Mein Vater zog einen Teppich über das Radio und seinen Kopf, damit man außen nichts hören konnte.

Später gab es nur die Veröffentlichungen der Militärregierung, ehe die Amerikaner mit dem Grundgesetz die Pressefreiheit uneingeschränkt zuließen. Heute hat der Bürger, der aufmerksame Bürger, eine Vielzahl an Möglichkeiten, sich zu informieren – wenn er sie denn nur nutzt. Man kann sich ein eigenes Bild machen, eine eigene Meinung bilden, wenn man die vielen Informationsquellen nutzt, die im Internet buchstäblich grenzenlos sind, geografisch und ideologisch. Doch die Möglichkeiten der Manipulation von Information sind gleichzeitig nicht weniger gestiegen. Da setzt meine Skepsis ein, man kann auch sagen: mein Misstrauen.

Die Erfahrung und die Geschichte lehren uns, dass politische und, zugegeben, auch wirtschaftliche Macht immer versucht, Menschen durch Information zu manipulieren. Denken Sie nur an die Datenmengen, die bei den Konzernen der sogenannten sozialen Medien, bei Google und nicht zuletzt bei den Geheimdiensten angesammelt und sicher auch für die jeweiligen Interessen eingesetzt werden. Die NSA der USA ist das schlimmste Beispiel dafür. Das erinnert an das 19. Jahrhundert, als, bevor das Briefgeheimnis gesichert wurde, in jedem der deutschen Kleinstaaten ein Geheimdienstler saß und die Briefe kontrollierte.

Wie informieren Sie sich persönlich?

Indem ich viele Quellen nutze. Ich lese täglich mehrere in- und ausländische Zeitungen. Im Fernsehen schaue ich regelmäßig Abendnachrichten an, sonntags zusätzlich die sich anschließenden Berliner Politiksendungen. Auf dem Handy habe ich die App des ZDF. Auch für Informationsangebote aus dem Internet nutze ich Apps. Aber ich bin kein IT-Native, eher ein IT-Immigrant. Wichtig für die Meinungsbildung ist mir der Austausch in der Familie, mit befreundeten Unternehmern, mit Kollegen im Unternehmen und mit Verantwortlichen des öffentlichen Lebens in der Region, im Land und in Berlin.

Sie werden also doch ganz gut informiert?

Ich bin gut informiert, weil ich viele Quellen nutze. Aber wie viele Leute tun das? Oder haben so viele Gelegenheit dazu wie ich? Ich nehme dabei auch wahr, wie unterschiedlich Ereignisse und Personen in den Medien dargestellt und interpretiert werden. Das kann man positiv als Ausdruck der Pluralität in der Gesellschaft sehen. Da kann man aber immer wieder auch Einseitigkeit oder gar bewusste Informationsverweigerung feststellen. Wie jetzt bei dem erwähnten Aufruf zur Russlandpolitik, unterzeichnet von über 60 Persönlichkeiten des öffentlichen Lebens. Oder zum Beispiel, wenn eine Zeitung oder ein Sender über eine Ausstellung oder einen Künstler, der irgendwo eine große Ausstellung hat, nicht berichten. Da kommen Interessen ins Spiel – Wettbewerb zwischen Städten und Kunstmärkten, Vorlieben für und Abneigungen gegen Künstler, Kameraderien zwischen Medien und Kunstexperten.

Dieses Phänomen zieht sich durch die ganze Kulturgeschichte. Das hat mit dem Medienwettbewerb unserer Zeit nichts zu tun.

Es ist wirksamer und gewichtiger, wenn die Medien so viel Einfluss auf so viele Menschen haben wie in unserer Zeit. Ich weiß, wir leben in einer Mediengesellschaft. Ich sehe auch, wie sich die Rolle der Medien verändert hat, seit es das Internet gibt. Der Wettbewerb um Aufmerksamkeit, um die Zeit, die Menschen mit Medien verbringen, ist schärfer geworden. Das beobachte ich auch in der Werbung. Alles wird lauter, sogar oft schrill. Dann wird offenbar auch die Versuchung größer, mit Skandalisierung Aufmerksamkeit zu erregen.

Auf der gleichen Welle reiten die Medien immer wieder mit Themen, die Ängste bereiten, weil sie nicht leicht durchschaubar sind. Die Sonntags-F.A.Z. hat kürzlich eine Recherche über die mediale Thematisierung der TTIP-Verhandlungen veröffentlicht. Sie besagt, dass TTIP erst dann in den Medien Raum erhielt, als die Gegner der Freihandelsabkommen mit den USA und Kanada auf den Plan traten. Das gab den Gegnern die Möglichkeit, sich in der öffentlichen Wahrnehmung in den Vordergrund zu schieben. Die Medien ließen sich sozusagen die Tagesordnung diktieren. So kann eine Programmierung in den Köpfen der Wähler stattfinden.

Wo das geschieht, missbrauchen die Medien ihre Funktion. Sie sollen sich nicht instrumentalisieren lassen. Auch nicht für das, was Sie sich wünschen.

Es geht nicht um meine Wünsche. Es geht immer wieder um die alte Frage: Ist das Glas Wasser halb voll oder halb leer. Wenn Sie immer herausstellen, was fehlt, werden die Köpfe negativ programmiert. Das können Sie beim Thema Europa nachvollziehen. In den Medien erscheint die EU mehr als bürokratisches Monster statt als eine Insel der Freiheit und des Wohlstands in einer aus den Fugen geratenen Welt. Vielleicht nehmen die Flüchtlinge aus dem Balkan, aus dem Irak, aus Syrien und aus Afrika Europa realistischer wahr als unsere Medien.

Was erwarten Sie denn?

Ich meine, es ist Funktion der Medien, über die Bedeutung der Europäischen Union für unsere Zukunft zu informieren und für eine solche Aufgabe – den Ausbau der Union – ein gutes Klima zu schaffen. Die Presse hat da eine riesige Verantwortung. Mit dem Rezept „Bad news is good news, good news is no news" geht das nicht.

Von der Verantwortung der Medien

Im Selbstverständnis einer freien Presse liegt es nicht, sich in den Dienst eines politischen Auftrags zu stellen. Sie versteht sich als kritische Begleitung der Akteure. Sie überfordern die Medien, lieber Herr Würth! Die großen Weichenstellungen in der deutschen Politik sind nicht durch die Presse, sondern trotz starken medialen Gegenwinds von der Politik durchgesetzt worden. Denken wir an Konrad Adenauer und seine konsequente Westpolitik, an Willy Brandt mit seiner beharrlichen Ostpolitik. Es ist doch in erster Linie Aufgabe der Politik, Mehrheiten für ihre Ziele zu gewinnen.

Natürlich! Wenn aber Medien die Politik in erster Linie als ein Trümmerfeld präsentieren, wenn mediale Interpretation und Inszenierung vor der Information über die Politik steht, wenn nur am Rande das vermittelt wird, was die Politik tatsächlich will, dann sind die Medien einfach in der Schuld; dann müssen die Medien auch Verantwortung für das Misslingen von Politik übernehmen und die Schuld nicht allein der Politik zuschieben.

Der Aufruf zu einer neuen Russlandpolitik, den unter anderen Bundespräsident a.D. Roman Herzog und der frühere Bundeskanzler Schröder unterstützen, trägt auch Ihre Unterschrift. Er kritisiert „Leitartikler und Kommentatoren", die ganze Völker dämonisierten. Was hat Sie bewogen, den Aufruf zu unterzeichnen?

Ich teile die Sorge, dass wieder Feindbilder aufgebaut werden, dass sich einseitige Schuldzuweisungen verbreiten und dass Russland aus Europa hinausgedrängt wird. Davor zu warnen, ist ein Gebot der Stunde, in der sich ein Krieg in der Ukraine ausbreitet. Es ist auch notwendig, die Medien an ihre Pflicht zu erinnern. Deshalb appellieren die Unterzeichner „an die Medien, ihrer Pflicht zur vorurteilsfreien Berichterstattung überzeugender nachzukommen als bisher". Den Aufruf hat ja nicht irgendwer initiiert. Er geht auf den früheren Sicherheitsberater von Bundeskanzler Kohl, Horst Teltschik, zurück. Der war an den ganzen Verhandlungen mit der Sowjetunion über die Wiedervereinigung an maßgeblicher Stelle beteiligt. Ich zitiere Teltschik, dem ich zustimme: „Uns geht es um ein politisches Signal, dass die berechtigte Kritik an der russischen Ukraine-Politik nicht dazu führt, dass die Fortschritte, die wir in den vergangenen 25 Jahren in den Beziehungen zu Russland erreicht haben, aufgekündigt werden."

In unserer Medienwelt, in der alles immer schneller verbreitet wird, egal, ob es stimmt oder nicht, gehen Geschichtskenntnisse verloren. Die Konflikte an den Rändern der ehemaligen Sowjetunion haben aber historische Wurzeln. Deshalb stellt der Aufruf kritisch fest: „Jeder außenpolitisch versierte Journalist wird die Furcht der Russen verstehen, seit Nato-Mitglieder 2008 Georgien und die Ukraine einluden, Mitglieder im Bündnis zu werden."

Vor hundert Jahren begann der Erste Weltkrieg. Ich bin kein Historiker. Aber ich nehme Warnungen von Geschichtskennern ernst. Um das Buch „Die Schlafwandler" des Historikers Christopher Clark gab es viele Diskussionen. Clark hat die aktuelle Situation in Europa mit dem Zustand vor 1914 verglichen. Niemand war in der Lage, eine europäische Friedensordnung zu schaffen. Damit Europa nicht wieder wie damals in einen Krieg schlittert, brauchen die Vereinigung Europas und die Gründung einer Russland einschließenden Friedens- und Wirtschaftszone eine positive mediale Begleitung. Ich habe das schon in unserem Gespräch über die Europa-Politik beklagt, dass die Medien mehr herausstellen, was nicht gut läuft und das Positive vernachlässigen.

Sie werfen auch heute den Medien vor, sie würden Feindbilder aufbauen. Darin sehe ich einen zu pauschalen Vorwurf.

Auch hier gilt, dass es nicht nur weiß oder schwarz auf der Welt gibt, wie es medial oft suggeriert wird. Es liegen alle Schattierungen dazwischen. Wenn man in die ganz große Politik hineinschaut, regen sich die Deutschen über die Menschenrechtsverletzungen in China auf und prangern das dortige System an. Was die USA auf dem Kerbholz haben – das bemessen unsere Medien nicht mit dem gleichen Maßstab. Uns wird ein Russlandbild vermittelt, das einseitig auf Putin als Bösewicht konzentriert ist. Unsere Medien zeigen zu wenig die unterschiedlichen Positionen, die es auch in der russischen Politik und der russischen Gesellschaft gibt.

In den Medien wird Russland als der Kriegstreiber vorgeführt, der die alte Sowjetunion wieder herstellen will. Putin wird als Inkarnation des Bösen beschuldigt. Man schiebt ihm alle Schuld zu. Der Ukraine wird die Opferrolle zugesprochen. In unseren Fernsehnachrichten erfahren wir wenig über die inneren Zustände der Ukraine, die sicher kein Vorbild für Demokratie und Rechtssicherheit ist. Wir erfahren wenig über die Wirtschaft der Ukraine, die bis über das Ende der Sowjetunion hinaus eine der größten Waffenschmieden Europas war – auch für Russland.

Die Ängste, die in Russland durch die Expansion der Nato nach Osten und die Haltung des Westens im Ukraine-Konflikt entstanden, kommen in unseren Medien zu wenig zum Vorschein. Auch bei uns wird einseitige Propaganda betrieben, der Normalbürger sozusagen programmiert.

Reden wir jetzt nicht eher über das russische Staatsfernsehen und seine Methoden?

Wir reden über die Gefahr, dass zu der Auseinandersetzung, die in der Ukraine mit Waffen ausgetragen wird, ein Propagandakrieg kommt. Weshalb wurde der Aufruf für eine neue Russlandpolitik bei uns in den wichtigsten Nachrichtensendungen von ARD und ZDF ignoriert? Ist das nur ein Zufall? Auch in den meisten gedruckten Medien ging der Aufruf unter, unbeschadet seiner prominenten Unterzeichner aus allen politischen Lagern. Der Medienexperte Stefan Niggemeier hat aufgedeckt, wie sich ARD und ZDF mit Hinweisen auf die begrenzte Zeit in den Nachrichtenblöcken herausgeredet haben. In Wirklichkeit haben sie gerade damit den Eindruck bestätigt, dass auch bei uns Informationen manipuliert werden.

Zugegeben: Russland ist nicht ein Vorbild für unabhängige und objektive Medien. Insofern kann man sagen, die Mahnung, den Menschen die Angst vor einem neuen Krieg zu nehmen, richtet sich auch an die russischen Medien. Auch für sie gilt, auch wenn er sich ausdrücklich nur an die deutschen Medien wendet, die Forderung des Aufrufs, durch „verantwortungsvolle, auf soliden Recherchen basierende Berichterstattung" den Menschen ein realistisches Lagebild zu geben.

Ich beziehe mich noch einmal auf das jüngste Buch des früheren US-Außenministers Henry Kissinger, der wiederholt darauf hinweist, wie die Beschleunigung der Medien die Politik treibt und damit Reflexion verhindert. Die neuen Möglichkeiten, Informationen schneller weiterzugeben und zu vernetzen, sie überall verfügbar zu machen, lassen Konflikte eskalieren, der Kontrolle entgleiten und undurchschaubarer werden, statt zu Transparenz zu führen. So Kissinger. Das spielt sich gerade in Bezug auf Russland ab. Unsere Medien machen uns Russland nicht verständlicher, sondern vermitteln uns ein voreingenommenes Bild.

Wer kontrolliert die Kontrolleure?

Wenn Sie sich in Russland bewegen, können Sie beobachten, wie die Menschen unglaublich freundlich, gastfreundlich und zuvorkommend sind. Da muss man einfach fair bleiben und die Dinge beidseitig beobachten. Wann berichten unsere Medien einmal über das Leben in Wladiwostok, in Archangelsk, in Irkutsk – also aus den für unsere Vorstellungen fernen Weiten Russlands? Und was erfahren wir von den jungen Leuten an den Universitäten, von ihren Träumen und Wünschen? Russland ist mehr als Putin.

Jeder muss sich aus möglichst vielen Quellen informieren. Das Internet gibt dazu viele Möglichkeiten – hier bei uns und glücklicherweise auch für die Russen. Die sind also nicht allein auf das russische Staatsfernsehen angewiesen. Sie können sich aus externen Quellen informieren.

Ist Ihr Misstrauen gegenüber Medien auch aus Ihren Erfahrungen im Zusammenhang mit Ihrem Steuerstrafverfahren entstanden?

Ich habe schlechte Erfahrungen gemacht. Wenn Sie in einer solchen Situation sind, haben Sie den Eindruck, dass die ganze Presse auf sie einschlägt, ohne Rücksicht auf Verluste. Da haben sie plötzlich keinerlei gute Seite mehr, sie sind bloß noch ein Gauner und ein Gangster. Ich habe aber nie einen Cent Schwarzgeld gehabt.

Ich habe in der fraglichen Zeit über 40 Millionen Euro als Spenden gegeben. Davon ist nicht ein Hauch in der Presse erschienen, obwohl das bekannt war. Das hat man totgeschwiegen. Da wurde keine Recherche gemacht. Da stellte niemand die Frage: Weshalb sollte einer, der in zwei Jahren 40 Millionen Euro Spenden gibt, gleichzeitig Steuern hinterziehen? Das passt eigentlich überhaupt nicht zusammen, das ist ein Widersinn.

Stattdessen wird so einer an den Pranger gestellt. Die Medien scheinen in unserer Zeit die Funktion des Prangers übernommen zu haben, ob aus eigenem Antrieb oder durch Beeinflussung von interessierter Seite. Das ist doch wohl kein Zufall, dass die Medien einschließlich Fernsehen schon vor dem Haus stehen, wenn bei Prominenten aus der Wirtschaft die Steuerfahndung anrückt! Da fragt man sich, ob es manchmal eine Kameraderie zwischen Justiz und Medien gibt. Man muss nicht billigen, was der Betroffene in diesem Fall am Stecken hat, noch weniger, was sich der Präsident von Bayern München geleistet hat. Aber es geht zu weit, wenn Menschen schon allein aus Verdachtsgründen an den Medienpranger gestellt werden, bevor im konkreten Fall Recht gesprochen wurde.

Die Medien sollen sich nicht als Pranger instrumentalisieren lassen. Ihre Funktion ist es aber, Missstände aufzudecken. Zu viele Skandale – Beispiel Landesbanken, Hypo Alpe Adria, Berliner Flughafen, ADAC etc. – wären unter der Decke geblieben, wenn über die Medien nicht Öffentlichkeit hergestellt worden wäre.

Ja, das ist in Ordnung! Aber die Medien müssen sich an die Fakten halten. Was erleben wir stattdessen immer wieder? Vermutungen und Verdächtigungen werden wie Fakten präsentiert, Meinung und Bericht vermischt, offenbar nur, damit Auflage oder Quote gemacht wird. Dann berufen sich die einen auf die anderen Medien, zitieren sich gegenseitig, als ob dadurch aus Vorurteilen Fakten entstehen. Da wird so oft von Qualitätsjournalismus geredet. Gehört es sich dann nicht, dass dort, wo tatsächlich Gründe für einen Verdacht auf strafbare Handlungen bestehen und zu Recht darüber berichtet wird, auch die entlastenden Aspekte den Lesern und Zuschauern dargelegt werden?

Kapitel 6
Handelsreisender, Pilot, Seefahrer, Wanderer

Lebensmotto *Vibrant Curiosity*

Das Reisen ersetzt die Universität / Das heimatliche Idiom zeigt Charakter an / Von der Poesie des Fluges in den Sonnenaufgang

In den autobiografischen Abschnitten Ihrer Veröffentlichungen berichten Sie von ihren beruflichen Anfängen vorwiegend in der Form von Verkaufsreisen. Sie schildern, wie Sie Ihr erstes Auto, dann ein Flugzeug gekauft haben, um Ihren Aktionsradius zu erweitern. Ihre Beschreibungen lassen Leidenschaft fürs Verkaufen erkennen. Ist Ihr erlernter Beruf Reisender im klassischen Sinn des Handelsreisenden?

Mein Vater holte mich von der Oberschule, bevor ich zum Abitur kommen konnte. Er führte mich ins Geschäft ein – und das war vorwiegend der Verkauf. Er nahm mich mit auf seine Reisen, bis in die Schweiz. 1952 schickte er mich zum ersten Mal allein auf eine Verkaufsreise. Vierzehn Tage logierte ich in Düsseldorf und besuchte Kunden in der Stadt und bis Wuppertal. Einer der ersten Kunden in Düsseldorf war der VW-Händler Adalbert Moll. Der Einkäufer musterte mich eindringlich durch seine Brille. Er gab mir einen der ersten Aufträge – messingverchromte Nummernschildschrauben 6 x 15 und 6 x 20 für VW-Transporter. Ich habe also das Verkaufen wirklich von der Pike auf gelernt. Und von Anfang an Gefallen daran gefunden.

Mit dem Verkaufen war immer das Reisen verbunden. Schon mein Vater hatte unseren Markt ständig erweitert – in dem Maß, wie nach dem Krieg die Reisemöglichkeiten besser wurden. Da mein Vater aber keinen Führerschein hatte, wurde für mich mit Erfolg eine Ausnahmegenehmigung beantragt, damit ich schon mit sechzehn Jahren statt mit achtzehn den Führerschein machen konnte. Ich musste mich davor zwei Mal beim staatlichen Gesundheitsamt auf meine physische Tauglichkeit prüfen lassen. Ich weiß nicht mehr, ob es ein Sonnetag war, als ich das graue Dokument aus Leinenpapier erhielt – aber meine Stimmung war wie ein sonniger Frühlingstag. Dieses Dokument hat mich bis heute auf der ganzen Welt begleitet, von Patagonien bis Japan, von Spitzbergen bis Ushuaia, von New

York bis nach Tomsk oder Xian. Nur passt der Bub auf dem Foto vorn und hinten nicht mehr mit dem Graukopf von heute zusammen …

War die Freude am Reisen mehr als ein glücklicher Zufall? Aus dem Handlungsreisenden ist inzwischen ein Weltreisender geworden.

Reisen ist Leben, Leben ist Reisen. Das ist für mich eine nicht voneinander zu trennende Gleichung. Ich kann nicht einfach daheim hocken. Eine Woche in der Alltagsroutine daheim vergeht wie ein Blitz. Aber wenn ich reise, dann sind die Eindrücke einer Woche so vielfältig, dass es scheint, als seien Monate seit der Abreise vergangen.

Sind Sie ein unruhiger Geist?

Das meint zumindest meine Frau …

Also Handelsreisender und Weltenbummler? Reisen als Ablenkung von Langeweile im Alltag?

Langeweile kenne ich nicht. Ich bin auch nicht Weltenbummler. Im Vordergrund steht mein berufliches Reisen. Ich bin noch heute ab und an mit im Außendienst, also im Verkauf bei den Kunden. In den 65 Jahren, in denen ich seit 1949 in meinem Beruf arbeite, bin ich Millionen Kilometer gereist, in alle Teile der Erde. Dahinter stand immer die Idee, neue Märkte zu erschließen. Wenn man den Markt erweitert, werden das Reisen und das Verkaufen immer interessanter. Noch heute bin ich fast die Hälfte jedes Jahres auf Reisen. Für mich ist und bleibt Verkaufen der schönste Beruf.

Weshalb?

Ich war gerade vor zwei Wochen in Schweden. Wir haben dort eine neue Betriebsanlage eingeweiht. Dabei habe ich die Gelegenheit wahrgenommen, Kunden zu besuchen. Ich bin schon morgens um fünf aufgestanden und zwanzig vor sieben mit einem Verkäufer aus dem Hotel gegangen, damit wir um sieben beim ersten Kunden stehen. Das macht mir heute noch Spaß, das ist ein Vergnügen. Mir hat es immer unglaublich Freude gemacht, mit Menschen zu kommunizieren, Menschen zu beobachten, Menschen kennen zu lernen.

In den Jahrzehnten, in denen ich nun im Beruf bin, konnte ich mir im Verkauf gute Menschenkenntnis aneignen. Man lernt die Gestik, die Mimik, man lernt dieses kleine Zucken an den Augen oder an den Backen kennen und kann daraus viele Schlüsse ziehen. So lernt man, Menschen gut einzuschätzen. Das ist auch wichtig für den Verkauf. Wegen dieser Möglichkeit der Kommunikation mit Menschen ist für mich der Beruf des Verkäufers, des Handelsreisenden, der schönste, den es gibt.

Heute ist fast die Hälfte Ihrer rund 66.000 Mitarbeiter im Verkauf tätig. Wie hat sich gegenüber Ihrer Anfangszeit das Berufsbild geändert?

Vieles hat sich verändert. Der Verkäufer muss heute viel mehr Kenntnisse des Marktes seiner Kunden haben. Es wird mehr Beratungskompetenz von ihm verlangt. Die Märkte verändern sich durch die Globalisierung und durch Innovationen in der Technik schneller als früher. Die Kunden müssen schneller beliefert werden, möglichst noch am selben Tag, an dem sie ihre Bestellung aufgeben. Das geht nur mit modernen elektronischen Instrumenten und Organisationsstrukturen. Das alles erfordert viel mehr Verkäuferschulung als früher. Das Unternehmen muss mehr Weiterbildung ermöglichen, der Verkäufer größere Lernbereitschaft aufbringen.

Ich kann das für mein Unternehmen, für unsere Branche konkretisieren. Früher hat man viel mit Originalmustern und mit Musterkarten gearbeitet. Später gab es dann die Kataloge. Heute läuft alles über Tablet-Computer. Das Handwerkszeug des Außendienstlers hat sich enorm gewandelt. Das verändert die Verkaufsstrategien, die Verkaufsorganisation, die Lagerung und die Auslieferung. Das ist eine große Herausforderung für ein Unternehmen, das sich auf die herkömmlichen Verkaufsstrukturen gründete.

Ich habe immer darauf geachtet, bei mir selbst und bei den Verkaufsmitarbeitern, dass Zeit möglichst effizient eingesetzt wird. Ich konnte mich am Anfang gar nicht für diese iPad-Computer begeistern. Ich lernte schnell, dass die vorausgegangenen Computer nicht die Möglichkeiten erreichten, die heute die Tablets bieten. Außerdem waren sie langsamer. Mein Sinneswandel hat mit der Perfektionierung der Technik zu tun, die dem Verkäufer mehr Zeit für die Bedienung der Kunden gibt. In diesem Sinn müssen wir die Technik nutzen. Manche glauben, jetzt brauchen wir bald keine Verkäufer mehr, das geht ja alles elektronisch. Das ist ein Irrtum.

Wir brauchen auch die Menschen, die mit den Kunden persönlichen Kontakt halten.

Sie betonen in Ihren Arbeiten über Entrepreneurship, wie wichtig es ist, materielle Anreize zu setzen, um Erfolg zu belohnen. Sie schreiben manchmal aber auch einen bösen Brief an die Verkäufer. Gehört das beides zusammen – Zuckerbrot und Peitsche?

Nicht so, wie sie das meinen! Und schon gar nicht gefällt mir ihr Begriff Peitsche. Belohnung und Leistungsanforderung gehören zusammen, weil es sehr unterschiedliche Charaktere von Menschen gibt. Die einen lassen sich nur durch Geld motivieren, für andere spielt das Geld eher eine untergeordnete Rolle. Sie müssen für jeden das Konzept finden, das für das Unternehmen am Ende die erforderliche Leistung bringt, je nach den individuellen Fähigkeiten und Neigungen. Menschenkenntnis brauchen sie im Verkauf nach beiden Seiten – nach der Kundenseite und eins zu eins bei den Außendienstlern. Bildlich gesprochen: Wenn Sie mit dreißigtausend Verkäufern zu tun haben, dann finden Sie die unterschiedlichsten Menschentypen darunter, sozusagen alles, was auf Gottes Erdboden herumläuft – Großsprecher, Maulfaule, Choleriker, Sanguiniker und was es sonst alles an Menschentypen gibt.

Bei einem immer größer werdenden Prozentsatz der Außendienstmitarbeiter stehen die materiellen Anreize nicht mehr im Vordergrund; sie folgen in ihrem Leben auch immateriellen Werten. Da hat die Vorgabe von Incentives keine Relevanz. Solche Anreize sind denen egal. Mit diesen Mitarbeitern muss man anders kommunizieren als mit den zuvorderst auf Geld orientierten. In einer so großen Organisation wie unserem Verkauf können sie nicht in dem Ausmaß individualisieren, dass sie für jeden nur genau das Wörtchen sagen, das ihm einzeln angemessen ist.

Da passiert es dann, dass der, der sich für Geld gar nicht interessiert, mit einer Ansprache konfrontiert wird, die eigentlich die angeht, die für Prämien ansprechbar sind – und umgekehrt. Da muss man von den betroffenen Mitarbeitern auch eine Portion Toleranz und Großzügigkeit erwarten.

Welche Prägungen haben Sie aus Ihren Verkaufsreisen erfahren?

Man sagt nicht umsonst, dass Reisen bildet. Ich habe ja während meiner Ausbildung keine Universität gesehen. Meine Universität war sozusagen die Reisetätigkeit. Sie bekommen zum Beispiel keinen besseren Geografie-Unterricht, als wenn sie reisen und genau beobachten. Da brauchen sie sich nicht mit Bildern und Büchern und Beschreibungen zu beschäftigen. Sie sehen und erleben Landschaften, Orte, Flüsse und Seen, nicht zuletzt die unterschiedlichen Menschenschläge. Auch der Umgang mit Menschen bildet. Sie bekommen neue Blickrichtungen. Das Reisen vermittelt Eindrücke und prägt das Denken. Mit diesen Erfahrungen fühle ich mich als Europäer und als Weltbürger.

Meine Reisen haben mich überdurchschnittlich tolerant gemacht – in alle Richtungen, zu allen Erdteilen, Kulturkreisen, Religionen. Ich betrachte diese Vielfalt der Kulturen und Religionen mit Respekt und mit Verständnis. Im letzten Sommer war ich in Alaska und Kanada und interessierte mich für die Kultur der Inuit – also der Ureinwohner dort. Sie hatten ursprünglich keine Schrift. Aber sie schufen andere Ausdrucksformen, mit denen sie ihrer Kultur im wahrsten Sinn des Wortes Gestalt gaben. So entstanden die fünf Meter hohen Totempfähle, die höchst eindrucksvoll irdisches Dasein und den Glauben der Inuit an ihr Jenseits darstellen.

Sie sind als Unternehmer aus Hohenlohe heraus gewachsen und mit Ihrem Konzern Global Player geworden. Auch als Persönlichkeit?

Meinen Erfolg führe ich auf einige Eigenschaften zurück, in denen sich auch landsmannschaftliche Elemente ausmachen lassen: Fleiß, Ausdauer, Zähigkeit, Energie und die Fähigkeit, Menschen zu gewinnen, zu begeistern und zu Zielen zu führen. Der frühere Bundespräsident Heuss charakterisiert die Hohenloher: „Gescheit, lebhaft, aufgeweckt, etwas rechthaberisch und selbstbewusst". Es ist mir ganz gut bekommen, dass ich früh auch aus dem Hohenlohischen herausgekommen bin, später dann in die ganze Welt.

Wenn sie wollen, können sie unterscheiden zwischen meinen persönlichen Interessen und meinen unternehmerischen Aktivitäten. Aber beides gehört zusammen, ist nie ganz zu trennen. Man muss die Märkte kennen, in denen der Konzern weltweit tätig ist. Märkte sind aber nicht nur statistisch-wirtschaftliche Größen. So sehr in der Globalisierung auch die Märkte einander ähnlicher werden, weil die Bedürfnisse der Menschen letztlich überall gleich oder ähnlich sind – es bleiben große Unterschiede. Sie sind in den spezifischen Verfassungen der Märkte begründet, die sich aus der geschichtlichen Vielfalt von Kontinenten, Staaten und ethnischen Strukturen entwickelt haben.

Das alles hat mich immer fasziniert, das hat mich in die Welt hinaus gezogen. Als mein Kundenkreis sich noch auf meine Heimatregion Hohenlohe beschränkte, wusste ich: Hinterm Berg geht die Welt weiter, da gibt's noch viel zu entdecken. Um aus einem regionalen Handelsgeschäft einen weltweit tätigen Konzern zu machen, muss man sich auch persönlich als Global Player einbringen.

Ist die Globalisierung ein Schlüssel, um eine friedlichere Welt herzustellen? Nach dem Motto „Wer miteinander Handel betreibt, der schießt nicht aufeinander"?

Mit Sicherheit! Welthandel ist heutzutage nicht in erster Linie Ausbeutung, sondern hilft, Frieden zu halten. Der Welthandel stellt wenigstens in kleinen Prozentsätzen einen Wohlstandsausgleich auf der Welt her. Er fördert das Verständnis unter den Menschen. Dazu tragen sogar scheinbar triviale Erscheinungen bei, zum Beispiel technische Produkte, die überall in der Welt einsetzbar sein müssen, in Einrichtungen von Kraftwerken oder in der Kraftfahrzeugindustrie. Wer immer damit umgeht, muss ein gemeinsames Verständnis von Technik erlernen bis hin zum Verständnis von Betriebsanleitungen. Letztlich wollen alle Länder am technischen Fortschritt teilhaben. Das können sie im friedlichen Handelsaustausch besser als dort, wo Konflikte, gar Kriege die Menschen und die Märkte entzweien.

Schauen wir auf die Ukraine-Krise. Ich bin sicher, dass Präsident Putin verstanden hat, dass ihm die Sanktionen nichts nützen und am Ende seine Position als Politiker in Russland, von den Bürgern her gesehen, geschwächt würde, wenn der Konflikt sich hinzieht. Eine Verbesserung der wirtschaftlichen Lage seiner Bürger erreicht Russland doch viel eher durch globale Zusammenarbeit im Handel als dadurch, dass für die Krim und die Ukraine die immensen Lasten weiter ansteigen. Es werden ja Milliarden dort reingepumpt werden müssen, um die Wirtschaft am Leben zu halten.

Gilt eigentlich noch der alte britische Spruch, dass der Handel der Flagge folgt?

Ich glaube nicht. Der Handel ist heute internationalisiert. Der Handel folgt den Gewinnchancen und nicht der Flagge.

Wie wichtig ist für Sie das geplante Freihandelsabkommen mit der USA (TTIP), das heftig umstritten ist?

Das mag für uns einige Vorteile bringen; aber die sind für unseren Konzern eher nebensächlich. Es könnten Nachteile für uns entstehen, wenn wir in Europa mit genmanipulierten Lebensmitteln überschüttet würden. Die Verhandlungen haben aber noch nicht einmal richtig angefangen. Ich sehe auf der anderen Seite die Chancen für die Wirtschaft auf beiden Seiten des Atlantiks. Wenn ich jetzt gefragt würde, befürworten Sie das oder lehnen Sie es ab, würde ich auf einer Skala von − 10 bis + 10 sagen + 2. Aber mehr nicht. Für den Würth-Konzern ist die EU der mit Abstand wichtigste Handelsraum.

Wir haben vorhin festgestellt, dass der Handel ein Element ist, das zur Befriedung der Welt beiträgt. Das gilt aber sicher nicht für den Waffenhandel. Er ist auch in Deutschland ein nicht zu unterschätzender Wirtschaftszweig.

Ich bin selbstverständlich dafür, dass der Verkauf von Waffen an Privatleute strikt verboten sein muss. Die EU sollte das an sich ziehen, und wir sollten ein europäisches Amt für die Vergabe von Exportgenehmigungen für Waffen haben. Weil das im Wettbewerb zwischen Frankreich, Deutschland und England eine Rolle spielt und es um Arbeitsplätze geht, stehen die nationalen Regierungen immer in einer Zwickmühle. Dann werden sogar die Hühneraugen zugedrückt, wenn das Geschäft nach Katar oder Saudi-Arabien geht. Waffen gehören im Grunde abgeschafft. Man sollte schlicht die Herstellung von Waffen verbieten, weltweit.

Das ist ein frommer Wunsch …

Wenn wir keine solchen Wünsche mehr haben, glauben wir nicht mehr daran, dass wir für unsere nachkommenden Generationen Verantwortung haben und eine bessere Welt schaffen sollten.

Wenn Sie als Reisender in Unternehmensangelegenheiten in der Welt sind, welche Bedeutung haben für Sie dann die deutschen Wirtschaftsvertretungen in Botschaften, Auslandskammern der Wirtschaft, Repräsentanzen der Bundesländer?

Hmm.

Diese Antwort habe ich mir fast denken können…

Ich habe nie ein deutsches Konsulat oder eine Botschaft gebraucht. Ich werde heute ab und zu mal vom Botschafter eingeladen, wenn ich im Ausland bin, wie letztes Jahr in Sri Lanka. Das sind zumeist nette Unterhaltungen. Der diplomatische Dienst hat eigene Gepflogenheiten. Überspitzt gesagt: Die Diplomaten bilden eine Partygesellschaft zwischen Nationalfeiertagen, Gedenktagen, Ministerbesuchen, Festveranstaltungen und anderen Gelegenheiten, bei denen es Cocktails gibt. Im Umgang unter den Staaten ist so etwas in den Hauptstädten wohl notwendig. Aber ich frage mich auch: Was brauchen wir heutzutage in Washington 26 Botschaften von allen EU-Ländern, wo wir doch als EU gemeinsam auftreten sollten? Da könnten die Staaten Milliarden sparen. Wir haben doch in Washington auch eine große Vertretung der EU. Das Problem ist, dass die nationalen Gesetzgebungen in manchen Bereichen der EU noch viel zu unterschiedlich sind.

Eine tiefgreifende Folge der Globalisierung ist die Verschiebung der Produktionsstätten wichtiger Güter. Wie berührt das die Würth-Gruppe?

Nicht sehr speziell. Direkt betroffen waren wir bei der Solartechnik, in der ein Großteil der Produktion in die Billig-Region-Länder abgewandert ist. Es gibt natürlich Branchen, für die das fundamental war, etwa für die sogenannte braune Ware, also Radio- und Fernsehgeräte, oder für die Hersteller von Fotoapparaten. Erinnern sich heute noch viele daran, dass Deutschland einmal der führende Hersteller von Kameras war?

Sieht man diese Entwicklung aus einer höheren Warte, hilft es ja, wie ich an anderer Stelle schon sagte, die Lebensqualität auf der Erde anzugleichen. Je mehr Arbeitskräfte China braucht, desto schneller steigen dort die

Handelsreisender, Pilot, Seefahrer, Wanderer

Löhne, sogar dramatisch. Das ist in Ordnung. Es trägt dazu bei, dort den inneren Frieden zu erhalten.

Im Vergleich zu den anderen Kontinenten liegt Afrika in seiner wirtschaftlichen Entwicklung weit zurück. Welche Verbindung haben Sie, der Reisende, mit Afrika, welche der Konzern?

Wir sind nur in Kenia und in Südafrika mit eigenen Unternehmen vertreten. Sehr bemerkenswert finde ich die Entwicklung in Angola. Afrika insgesamt wird zu oft unterschätzt. Nach den weltwirtschaftlichen Statistiken hat Afrika als Kontinent zur Zeit ein riesiges prozentuales Wirtschaftswachstum. Das ist vor allem dem Abbau von Rohstoffen geschuldet. Fast gespenstisch ist, wie stark Chinas Investitionen in Afrika gewachsen sind. China erwirbt in großem Umfang Schürfrechte, baut Straßen und Eisenbahnen. Das lässt den Eindruck aufkommen, dass Afrika zum großen Teil in chinesischer Hand ist.

Im 19. Jahrhundert gab es den großen Drang Deutschlands nach Kolonien in Afrika. Welche Rolle sehen sie heute für Deutschland in Afrika?

Da sehe ich keine große Verpflichtung, außer in Namibia. Namibia habe ich viel bereist. Die Spuren, die in der deutschen Kolonialzeit dort entstanden, sind heute noch sehr stark. Ich war immer wieder überrascht, wie oft ich auf Deutsch angesprochen wurde. Die deutsche Entwicklungshilfe hat viel zur Stabilität in Namibia beigetragen. Kluge Politik hat dazu geführt, dass dort kaum Enteignungen von Farmen stattgefunden haben, wie es in anderen ehemaligen Kolonien geschehen ist. Auch das fördert die Stabilität Namibias.

Sie haben vor einigen Jahren eine große Konzernkonferenz in Südafrika gehabt. Wollten Sie damit den Blick der Führungskräfte des Konzerns auf Afrika lenken?

Das war sicher eine Absicht, die wir mit der Entscheidung für Kapstadt verfolgten. Es gibt auch andere Gründe, die dafür sprachen. Wir wollen solche Kongresse für einige hundert Mitarbeiter an Orten veranstalten, die attraktiv und kostengünstig sind. Wir geben Managern und ihren Frauen auch die Möglichkeit, vorher oder nachher ein paar Tage Urlaub anzuhängen. Dafür ist Südafrika bestens geeignet. Das war damals ein riesiger Erfolg und hat den Horizont für alle Beteiligten geweitet.

Aus dem Handlungsreisenden Würth ist ein Bildungsreisender geworden?

Meine Enkel behaupten das jedenfalls. Wenn die mit mir reisen, sagen die manchmal schon morgens: „Opa, ich habe heute Museums-Allergie und Kirchen-Allergie, ich kann nicht mitgehen auf Besichtigungstour."

Sie haben immer die Kamera dabei, wenn Sie unterwegs sind. Sie haben Vorträge über Ihre Reisen gehalten, eine Ausstellung mit Fotos und einen Bildband mit Ihren Aufnahmen aus Asien veröffentlicht. Werden weitere folgen?

Mit meinen Fotos und Notizen könnte ich Bände füllen. Fotobücher habe ich vor allem für die Familie gemacht. Man kann Fotografieren als mein Hobby sehen. Ich habe schon als Zwölfjähriger mit einer Box angefangen – das war damals eine Art Volkskamera, die fünf Mark kostete. Mittlerweile habe ich Zehntausende Fotos gemacht, die auch archiviert, katalogisiert und verwaltet werden. Ein junger Fotograf erledigt das, den ich teilzeitbeschäftigt habe.

Mit dem Fotoapparat kann ich Eindrücke festhalten und mit nach Hause nehmen. Von Zeit zu Zeit hole ich die Aufnahmen aus dem Archiv, um meine Reiseeindrücke zu überdenken, sie zu reflektieren. Wenn auf meinen Reisen an den Wochentagen die geschäftlichen Verpflichtungen dominieren, nutze ich die Wochenenden zu vertiefenden Eindrücken. Dazu dienen auch die Aufzeichnungen, die ich während meiner Reisen in einer Art von Tagebuch festhalte.

2006 habe ich in Künzelsau am Sitz unseres Konzerns eine erste Fotoausstellung gemacht. Dazu erschien ein Bildband „Asien im Sucher". Ich könnte noch viele weitere Fotobücher veröffentlichen, von meinen Reisen von Argentinien bis Sibirien. Es macht mir Freude, andere an meinen Eindrücken teilhaben zu lassen.

Welche Begegnungen haben die stärksten Eindrücke hinterlassen?

Ich kann meine Erlebnisse nicht so gut beschreiben, wie das Johann Gottfried Seume in seinem Reisetagebuch „Spaziergang nach Syrakus" gelungen ist. Damals, 1802, war Italien für den Mitteleuropäer ein weitgehend unbekanntes Land. Seume hat seine Eindrücke realistisch und kritisch geschrieben. Heute kann das keiner mehr so – und es gibt mit Bildern, Videos und individualisierten Büchern viel mehr Ausdrucksformen für Reiseerlebnisse.

Eine Hierarchie der Reiseindrücke kann ich nicht herstellen. Die Eindrücke sind zu verschiedenartig – und doch in der Summe zusammenwirkend. Sie bleiben haften, werden oft plötzlich und unerwartet wieder sehr lebendig. Das reicht bis in die Kindheit zurück. 1950 war ich mit meinen Eltern auf einer Geschäfts- und Urlaubsreise nach Norddeutschland. Wir fuhren mit dem ersten Auto unserer Familie, einem gebraucht gekauften Opel Olympia Baujahr 1937. Da waren ständig Reparaturen notwendig. Meine Mutter hatte für unterwegs die Verpflegung vorbereitet, in Cellophan eingepackt. Bei Hannoversch Münden war die Autobahnbrücke noch zerstört. Als wir über die Elbbrücken in die Stadt Hamburg fuhren, die Schiffe sahen, öffnete sich für mich zum ersten Mal die große, weite Welt. Als ich später die Ostsee sah, war ich einfach sprachlos. Sie kam mir vor wie ein unendlicher Berg.

Die Exotik ferner Welten erlebte ich zum ersten Mal 1962, als meine Frau und ich unsere erste Fernreise machten. Wir flogen nach Osaka zur Weltausstellung. Heute ist eine Japanreise sicher nichts Besonderes. Damals, als wir in Heilbronn beim Reisebüro zwei Flugtickets nach Tokio und Osaka bestellten, war das eine kleine Sensation.

Orte, die heute Massen von Touristen anziehen, bleiben im Erlebnis sehr individuell, von einem selbst abhängig. Ich erfreue mich des Privilegs, mich nicht in Touristenströmen bewegen zu müssen, sondern mein eigenes Programm zusammenzustellen und zu verwirklichen.

Die großartigen Bauwerke in China sind unvergesslich, der Kontrast zwischen den alten Kolonialbauten am Bund in Shanghai und den himmelstürmenden Hochhäusern in Pudong – da haben wir in Europa nichts Vergleichbares. Tief beeindruckt haben mich die Tempel in Angkor, die Ästhetik von Verfall und erhaltener Kultur, in der sich ein faszinierender religiöser Kosmos offenbart, mysteriös und in seiner Schönheit fesselnd.

Es gibt andere Arten unvergesslicher Eindrücke. Große Eindrücke müssen nicht exotisch sein. Ich habe früher ein bisschen Bergsteigerei getrieben. Mein wichtigstes alpinistisches Erlebnis war die Besteigung der Cinque Torri, der fünf Türme in den Dolomiten. Wir waren eine Siebener-Seilschaft, sind da rauf und haben uns dann an der 300 bis 400 Meter hohen senkrechten Wand abgeseilt. Für meine Südtiroler Freunde war das harmlos. Für mich war das ein riesiges Ereignis. Wir mussten auf halber Höhe am Seil so herumschwingen, dass wir einen Pfad erreichten. Einer wurde zu weit abgeseilt, hing in der Wand und musste wieder hochgezogen werden. Für die Südtiroler Profis reine Routine, für mich aufregend bis in die Haarspitzen.

Ein anderes Erlebnis, eine Wanderung am und in den Grand Canyon, bleibt mir ein Leben lang in allen Details in Erinnerung – auch, weil ich vom Laufen an meinen Füßen so viele Blasen hatte. Ich war mit meiner Frau am Grand Canyon. In jedem Hotelzimmer ist dort eine Warnung: „Achtung, versuchen Sie bitte nicht, an einem Tag runter und wieder rauf zu gehen." Und ich? 1.900 Meter runter und wieder rauf! Wir sind auch nicht gleich morgens um vier oder halb fünf los, sondern erst um halb neun. Wir haben Eiswürfel mitgenommen für den Wein und alles Mögliche sonst fürs Picknick – bis runter zum Colorado River. Danach wieder rauf! Und ich war ein Dummkopf, ich habe nur ein Paar Socken angezogen, obwohl ich das als geübter Wanderer hätte wissen müssen, dass ich wenigstens zwei Paar hätte anziehen sollen. Als wir abends um halb neun wieder im Hotel ankamen, waren wir total geschafft. Man hat ja auf diesem Weg fünf Klimazonen. Unten war es so heiß und trocken, dass ich glaubte, meine Zunge sei ein geschwollenes Stück Fleisch.

In Bayreuth habe ich Sie als Wanderer getroffen; an spielfreien Tagen oder vor den Aufführungen sind Sie ins Fichtelgebirge. Sie fliegen, Sie fahren mit dem Schiff – das Wandern ist trotzdem geblieben. Ist das Wandern das Gegenstück zu der Schnelligkeit, die beim beruflichen Reisen den Zeittakt vorgibt? Die Langsamkeit des Wanderns als Kontrast?

So habe ich das nie betrachtet. Wandern ist schön. Man nimmt die Eindrücke viel intensiver mit als bei jeder anderen Art der Fortbewegung; selbst mit dem Fahrrad sehen sie nicht so viel wie beim Gehen. Mit zunehmender Geschwindigkeit nimmt die Feinheit der Eindrücke ab, das ist ganz natürlich. Wenn Sie wandern, dann sehen Sie den Schmetterling, der auf der Blume sitzt, oder eine kleine Steinformation, die Sie beim Reisen mit dem Auto oder dem Flugzeug nicht wahrnehmen.

Annäherung an die Einbindung des Menschen in die Natur?

Das ist mir zu leicht missverständlich. Ich bin nicht esoterisch. Solche Herangehensweise liegt mir nicht. Ich bin kein Philosoph. Die Antwort auf ihre Frage ist ganz einfach: Ich bin immer gern spazieren gegangen, habe immer gerne Wanderungen unternommen und dabei war es immer interessant. Begegnungen mit der Natur können auch rational ablaufen. Vielleicht ist mir das Rationale zur Natur geworden, weil ich Kaufmann bin. Oder umgekehrt: Ich wurde Kaufmann, weil das Rationale meine Natur ist? Vielleicht verstehen Sie das besser, wenn ich Ihnen sage: Ich habe immer eine Karte dabei; wenn ich ohne Landkarte, einen Stadtplan irgendwo bin, bin ich nur ein halber Mensch. Das ist immer ganz wichtig. Ich brauche die nachprüfbare Orientierung.

War das schon vor der Fliegerei?

Es wurde durch die Fliegerei mindestens verstärkt. Es war für mich immer wichtig, zu wissen, wie komme ich wo hin. Wenn Sie in einem unbekannten Gebiet wandern, dann wollen Sie wissen: Kann ich einen Rundweg machen oder muss ich den gleichen Weg wieder zurück? Das können Sie nur entscheiden, wenn sie eine Karte haben.

Ihre Reisen führten Sie auch in akademische Welten, obwohl Sie kein Universitätsstudium gemacht haben. Haben Sie die Hochschulen als eine andere Welt erlebt, als Kontrast zu Ihrer unternehmerischen Welt?

Eigentlich nicht. Alle Welten, in denen wir leben, sind vielfältig interdependent. So vielfältig verbunden die Kontinente heute miteinander sind, so global wir durch die Welt reisen, so eng ist die Wissenschaft mit der Praxis der Wirtschaft verknüpft. Der Wissenschaftler und Forscher arbeitet nicht mehr im Elfenbeinturm. Heute sind sich doch alle viel mehr als früher ihrer gegenseitigen Abhängigkeit bewusst. Diese Interdependenz reißt Standesunterschiede zwischen akademischer, handwerklicher und sogar ganz trivial erscheinender Servicearbeit in der Gesellschaft ein. Selbst der Nobelpreisträger kommt nicht ohne die Müllabfuhr aus. Genauso wenig könnte sich der Müllarbeiter einen Flachbildschirm-Fernseher kaufen, wenn es nicht die Wissenschaftler gäbe, die das austüfteln. Insofern ist die Welt ein geschlossenes Gebilde. Alle Beteiligten tragen ihren Part bei, um das Ganze am Laufen zu halten. Ich will diese Unterscheidung zwischen Wissenschaft und unwissenschaftlichen Tätigkeiten nicht mehr machen.

Gibt es Reiseziele, die Sie immer wieder besuchen? Orte, deren Faszination Sie nie losgelassen hat?

Venedig hatte für mich immer einen ganz besonderen Glanz. Der Krüger Nationalpark hat andauernde Anziehungskraft. Auch New York und Shanghai sind Orte, die magisch auf mich wirken. Sie sind jedes Mal neu, wenn Sie wieder hinkommen. Man will noch einmal sehen, was einen beim ersten Besuch stark beeindruckte, und wird sofort vom Neuen gefangen genommen. Die Veränderungsdynamik ist einfach umwerfend.

Gibt es für Sie noch eine Terra incognita? Weiße Flecken auf Ihrer Weltkarte?

Ja, natürlich viele, zum Beispiel war ich noch nie in der Antarktis. Dann gibt es in Afrika noch viele Länder, in denen ich noch nicht gewesen bin, also die Länder, die unmittelbar nördlich und südlich vom Äquator liegen. Dort habe ich bisher nur Kenia bereist. Das hat natürlich auch immer wieder mit politischen Situationen zu tun. Wo Unruhen sind, muss man nicht unbedingt hin. Dort gibt es auch keinen Markt zu entwickeln.

Verlockt es Sie in die Antarktis?

Seit ich Alaska kennen gelernt habe, also die arktische Eiswelt, zieht es mich nicht mehr so stark in die Antarktis. Aber gelesen habe ich viel über den südpolaren Kontinent und die Forschungsstationen, die es dort von vielen Ländern gibt. Wir haben ja auch eine deutsche Antarktis-Station. Ich hörte Reinhold Messner von seiner Antarktis-Expedition erzählen. Wir waren einer seiner Sponsoren, als er auf Skiern seine große Überschreitung des Südpols machte – ein paar tausend Kilometer.

Liegt die besondere Anziehungskraft der Antarktis darin, dass sie der einzige noch nicht ohne Rücksicht auf die Natur ausgebeutete Kontinent ist?

Aber nicht mehr lange. Das wird schnell beginnen, dass man dort die Bodenschätze ausbeutet.

Ist es unser Schicksal, dass wir als Menschen den göttlichen Auftrag „Macht euch die Welt untertan" in Ausbeutung umsetzen?

Das weiß ich nicht. Aber es stimmt: Wir bewirtschaften das Raumschiff Erde. Wie es mit der Menschheit weitergeht, das weiß niemand. In der kosmischen Geschichte ist die Menschheit ein Ereignis von einer Sekunde. Und wir werden vielleicht noch eine Sekunde da sein; aber ob das noch tausend Jahre sind oder noch zwanzigtausend Jahre, das spielt überhaupt keine Rolle. Das ist null im Geschehen des Kosmos.

Bewirtschaften schließt viele Möglichkeiten ein: sinnvoll bewirtschaften, erhalten, nachhaltig bewirtschaften oder auch ruinieren.

Wissen Sie, der Begriff des nachhaltigen Bewirtschaftens klingt gut. Vor allem in politischen Reden. Aber die Praxis sieht leider noch ganz anders aus. Wer ist schon zu allen Konsequenzen bereit, die einträten, wenn Nachhaltigkeit wirklich zum obersten Prinzip gemacht würde? Wer denkt schon daran, wie viel Erdöl für die Herstellung von Kunststoff gebraucht wird? Jeder Liter, den wir im Auto als Benzin verbrennen, der kommt nie zurück. Wer weiß schon, dass die Energiebilanz der Elektroautos, wenn man deren Herstellung einbezieht, schlechter ist als die eines Dieselwagens?

Mit dem Begriff Nachhaltigkeit wird zu viel Schindluder getrieben. Am Ende bleibt uns wahrscheinlich die Sonnenenergie als die nachhaltigste Quelle. Vielleicht können wir auch Holz in der Zukunft nutzen – die Nachhaltigkeit kommt ja aus der Forstwirtschaft.

Für mich ist die Frage, wie es mit der Menschheit weitergeht, unendlich wichtiger als die Frage, wie es mit dem Welthandel weitergeht oder was aus dem Kapitalismus wird.

Das sind doch letztlich Petitessen im Vergleich zu der großen Frage nach der Zukunft des Menschen, mit der wir uns heute auseinandersetzen müssen. Denken wir an die Demografie. Denken wir an die Genetik, an den Einsatz von Technik und Elektronik in der Medizin. Dann sehen wir, wie Menschen manipuliert werden können – körperlich und geistig. Die Diskussionen über Sterbehilfen und Geburtensteuerung führen uns vor Augen, dass Menschen sich anschicken, die absoluten Herren über Leben und Tod zu werden.

Stephen Hawking sagte ja, die Menschheit hat nur eine einzige Chance zu überleben, wenn sie es sich ermöglicht, auf einem anderen Stern zu siedeln. Und damit hat er eigentlich auch recht. Die Menschheit nimmt an ihrer Gesamtzahl so zu, dass man sich fragen muss: Wo soll das enden – zehn Milliarden, zwölf Milliarden, zwanzig Milliarden? Irgendwann ist die Erde voll – und was dann? In der Vergangenheit lösten Kriege solche Probleme – dezimierten die Bevölkerung. Wir stehen vor der Herausforderung, das friedlich zu bewältigen.

Hawking sieht die Expansion in den Weltraum nicht nur als Siedlungs-, sondern auch als Ressourcenchance.

Aber das ist ja so unwahrscheinlich, dass das gelingt! Die Entfernungen sind so riesig im Weltall, und der nächste Stern ist außerhalb unseres Sonnensystems. Fünfzig oder hundert Lichtjahre weg. Die schnellste Reisegeschwindigkeit ist nun mal das Licht, zumindest, was wir bis heute wissen – und daran scheitert das. Auch wenn der Stoffwechsel noch so abnimmt bei Lichtgeschwindigkeit und Sie vielleicht tausende von Jahren leben könnten. Das macht meine Aussicht auf die Zukunft der Menschheit eher pessimistisch.

Ist Ihr Schiff der Ort der Muse, der Entspannung? Der Ort, an dem Sie sich Zeit nehmen für Ihre Familie und für Treffen mit Freunden?

Ja, es ist dann schon etwas ruhiger auf dem Boot als im Berufsalltag, aber nicht viel. Wenn wir in Landnähe sind, dann stehen Besichtigungen an. Jeden Tag bekomme ich Packen von Post über das Internet, die ich beantworte. Dann muss ich diktieren. Ich studiere auch die Reiseführer für unsere Ausflüge zu den Sehenswürdigkeiten an Land, meistens historische Orte. Jeden Morgen bekomme ich die neuen Zeitungen, F.A.Z., Welt,

Handelsblatt, Neue Zürcher Zeitung; wir haben einen Zeitungsdrucker an Bord. Der Tag vergeht immer viel zu schnell.

Also, wie Ihre Frau sagt, immer ein unruhiger Geist?

Ja! Es ist ja bekannt, dass ich immer sehr neugierig war. Neugierde bedeutet automatisch Unruhe, weil Sie wissen wollen, was passiert um Sie herum, was passiert ums Eck, was passiert morgen.

Ihre Yacht hat den Namen „Vibrant Curiosity". Ist das Ihr Lebensmotto?

Eines davon schon. Den Namen habe ich erfunden. Wir haben jedes Jahr oder jedes zweite Jahr im Konzern ein Motto, mit dem wir uns beschäftigen. Das ist so etwas Ähnliches wie das Wort zum Sonntag. Vor Jahren habe ich „Vibrant Curiosity" als Jahresmotto für das Unternehmen gewählt – „vibrierende Neugier". Ich wollte damit zum Ausdruck bringen, dass das ganze Unternehmen neugierig ist und mit den Hufen scharrt, um immer wieder zu neuen Zielen aufzubrechen. Das hat mir so gut gefallen, dass ich das Motto als Namen für das Boot übernommen habe. Alle, die sich mit der Seefahrt beschäftigen, sagen: Das ist ein sehr schöner Name.

Gibt es noch Reisefieber bei Ihnen?

Eigentlich nicht. Reisen ist für mich im Laufe des Lebens auch Routine geworden.

Wo ist aber dann das Zittern in der Neugier?

Dazu brauchen Sie kein Fieber! Der Kopf funktioniert ja nicht am besten, wenn Sie hohes Fieber haben und im Fieberdelirium sind. Vibrieren kann auch aus Freude entstehen. Neugier ist auch Freude auf das Neue. Spannung, Geschichte zu erleben, wie kürzlich in Avignon im Papstpalast und im Hotel d'Europe, wo schon Napoleon und Hemingway logierten.

Die Fliegerei hat bei Ihnen geschäftlich angefangen. Reisen ist aber auch eine sinnliche Erfahrung. Sind Sie nach Ihren vielen Reiseerfahrungen noch für die Sinnlichkeit des Reisens empfänglich?

Natürlich bin ich immer für Sinnlichkeit empfänglich. Schönheit ist immer ein Faszinosum, nicht nur die Schönheit von Menschen. Städtebilder haben ihre eigenen ästhetischen Reize, ebenso wie die Werke der bildenden Kunst. Für Schönheit habe ich viel übrig.

Der Flieger Reinhold Würth mit einer Air Transport Pilot Licence – spürt der noch ein bisschen von der Leidenschaft der Fliegerei, die wir von Antoine de Saint-Exupéry kennen?

Wissen Sie, diese Sinnlichkeit ist immer wieder da. Von dem Moment an, in dem Sie vor dem Flugzeug stehen. Sie spüren die Harmonie von Techniken und Eigenschaften, mit denen so eine Maschine gestaltet ist. Das ist eine Vollkommenheit von Technik und Form, die bei allem Ausdruck maskuliner Kraft auch eine feminine Anmutung hat. Wenn man dann diese dreißig Tonnen in die Luft bringt und legt die Gashebel nach vorne – das ist jedes Mal ein vibrierendes Erlebnis.

Ein Stückchen: „Über den Wolken muss die Freiheit wohl grenzenlos sein?"

Ist sie ja nicht. Sie hocken im Cockpit.

Keine besonderen Freiheitsgefühle?

Manches Mal durchaus. Ich will das konkret beschreiben. Als ich letztes Jahr in Alaska war, haben wir zwei Tagesausflüge gemacht, einmal von Juneau nach Anchorage und einmal von Juneau nach Kodiak. Und als wir von Kodiak am Spätnachmittag zurückgeflogen sind, das war dann Richtung Osten, da stand die Sonne halb links hinter uns, und halb links vor uns war die riesige Gletscherwelt Alaskas, glitzernd und gleißend von der Sonne, die wir hinter uns hatten. Das war natürlich ein hinreißendes Erlebnis. Schon auf dem Flug von Europa nach Alaska hatten wir – was ganz selten ist – über Grönland wolkenloses Wetter unter uns. Wir waren ja vierzigtausend Fuß hoch und konnten diese grönländische Eiswüste unter uns fast mit den Händen greifen. Im Eis waren kleine Seen aus Schmelzwasser von der Sonne.

Handelsreisender, Pilot, Seefahrer, Wanderer

Wir konnten daran auch die Folgen des Klimawandels erkennen. Da werden Reiseeindrücke zu Anstößen für Nachdenklichkeit, zu Fragestellungen an unseren Umgang mit der uns anvertrauten Erde.

Ein Faszinosum ereignet sich auch jedes Mal, wenn man ostwärts durch die Nacht fliegt und die Sonne geht auf. Das habe ich ganz besonders aus einer Reise in Erinnerung, bei der wir von Auckland in Neuseeland nach Papeete im Pazifik geflogen sind. Wir sind abends um elf Ortszeit abgeflogen. Das war eine wunderbare Nacht – wolkenlos, der Mond stand hell leuchtend am schwarzen Himmel, unter uns der gleißende Pazifik, in den Schattenseiten hat sich der Mond gespiegelt, gegen Morgen dann, ganz fein zuerst, nur ein feiner, fahler Strich. Dem folgt in kurzer Zeit Türkis und Rosa. Wenn die Sonne dann langsam über den Horizont kommt, dann starten schon die hohen Wolkengebilde dazwischen. Der Mond ist noch da, verblasst aber immer mehr. Das sind Flugerlebnisse, die ein Leben lang in einem haften bleiben.

Das klingt nach einer Poesie des Fliegens.

Ja, so empfinde ich diese Erlebnisse. Wenn ich schriftstellerisch begabt wäre, dann würde ich einen kleinen Essay darüber schreiben. Oder ein Gedicht …

Schreiben fängt mit Schreiben an …

Ich habe mir vor Jahrzehnten vorgenommen: Wenn ich pensioniert bin, schreibe ich einen Kriminalroman. Bisher fehlt mir die Zeit dazu. Vielleicht ist einer wie ich, der seinen Beruf als Handelsreisender gefunden hat, zum Pensionär ungeeignet …

Welche Eindrücke hat der Kunstsammler Reinhold Würth von seinen Reisen mitgenommen? Spiegelt sich das, was Sie von der Welt in Ihrem Kopf gespeichert haben, in Ihrer Sammlung wider?

Auf meinen Reisen besuche ich regelmäßig Kunstmuseen. Ich habe dabei viel gelernt. Hin und wieder habe ich mir in Museen von noch lebenden Künstlern die Adressen geben lassen und dann das eine oder andere Werk erworben, wenn mir etwas besonders gut gefallen hat. Ich habe auch immer wieder überraschende Eindrücke gehabt und habe dann Künstler, die ich überhaupt nicht kannte, in die Sammlung aufgenommen.

Ich erinnere mich an einen Fall in New York, da sind wir in Greenwich Village spazieren gegangen und wir haben Werke eines englischen Künstlers im Schaufenster einer Galerie gesehen. Die haben mich auf Anhieb fasziniert. Das war eine Art von Objektkunst, dreidimensionale Bilder. Jetzt denke ich daran, daraus irgendwann eine monografische Ausstellung zu machen. Wenn sie vor solchen Bildern hin und her gehen, öffnen sich Türen. Das wird natürlich von den Großen der Kunstfachwelt mit Naserümpfen gesehen. Aber mir ist das egal. Ich lasse mich da gerne auf meine Weise von der Kunst beeindrucken. Überheblichkeit der professionellen Fachleute sieht man am Beispiel der Niki de Saint Phalle; sie wurde zunächst komplett abgelehnt. Und jetzt ist sie weltweit bewundert, ihr Skulpturenpark in der Toskana zieht Kunstliebhaber aus der ganzen Welt an.

Welchen Eindruck hat die Begegnung mit außereuropäischer Kunst auf Sie gemacht. Sie kennen den Einfluss, den polynesische und afrikanische Kunst auf die bildenden Künste bei uns im 20. Jahrhundert hatten. Haben Sie diese Entwicklung an sich nachvollzogen?

Diese Kunst der Naturvölker hat mich sehr beeindruckt. Ich habe vorher viele Werke von Picasso gekannt, war dann immer wieder überrascht, wie nahe er an der Native Art dran ist. Ein prägendes Erlebnis war für mich 1984 im Museum of Modern Art in New York die Ausstellung „Primitivism in 20th Century Art". Mir ist besonders die Gegenüberstellung einer Skulptur Picassos und einer Skulptur aus Polynesien haften geblieben. Das war fast gespenstisch. Eins zu eins! Aber die Experten sind sich hundertprozentig sicher, dass Picasso die Skulptur aus der Südsee nie gesehen haben konnte. So erfahren wir ein universelles Gedächtnis der Menschheit.

Ein anderes starkes Erlebnis war die Begegnung mit Horst Antes – der macht diese Kopffüßler. Vergleichbare Figuren machten schon lange zuvor die Pueblo-Indianer. Egal, ob Antes sie gekannt hat, als er mit seinen rätselhaften Wesen anfing – es zeigt sich auch daran, dass sich in der Menschen- und in der Kunstgeschichte Phänomene wiederholen. Das ist ganz besonders ausgeprägt in den Ausdrucksformen, die Menschen in der Kunst von sich selbst schaffen.

Haben Sie selbst Kunst anderer Völker gesammelt, die dem „Primitivismus" zuzuordnen ist?

Wir haben afrikanische Kunst in meiner privaten Sammlung. Aber das ist nicht so bedeutend. Ich habe diese Sammlung von einem Kunsthändler in Salzburg übernommen, teilweise auf meinem Schiff aufgestellt, einiges steht in Salzburg in meiner Bibliothek. Es sind sehr schöne Sachen dabei.

Sie sind in der ganzen Welt unterwegs, bezeichnen aber Hohenlohe immer wieder als Ihre Heimat, in der sie regelmäßig auch Ihren Lebensmittelpunkt nahe der Konzernzentrale finden. Wie wichtig ist heute noch geografisch gebundene Heimat? Werden wir alle zu Hommes Nomades, wie der frühere französische Minister Jacques Attali die modernen Menschen bezeichnet hat? Sind das die Flüchtlinge, die aus Afrika, Afghanistan, Syrien, dem Irak zu uns kommen, weil sie hier Sicherheit und Arbeit suchen?

Die traditionell definierte Heimat nimmt in der Bedeutung ab. Menschen werden heute durch Länder und Kontinente gewirbelt – beruflich, im Gefolge des Tourismus, durch Migration, Vertreibung und Flucht. Wenn Sie sich dann mit den Leuten unterhalten, dann wissen viele in der zweiten Generation nicht mehr, wo sie hergekommen sind. Allenfalls bleiben familiäre Bindungen.

Wir sollten nicht nur über den Verlust an alten Bindungen klagen, sondern den Gewinn an Menschen begrüßen, den wir durch Migration und Globalisierung haben. Wir sollten uns anstrengen, die Menschen, die als Flüchtlinge zu uns kommen, für unsere Gesellschaft zu gewinnen und sie zur Mitarbeit an unserer Zukunft zu befähigen. Menschen werden auf Dauer nur dort heimisch, wo sie sich wohl fühlen, wo sie Sicherheit für ihre Familien und Arbeit haben; dort bilden sich ihre Lebensmittelpunkte.

Es gibt in den Salzburger Nachrichten eine kleine Kolumne über Ausländer, die in Salzburg leben: Wie fühlen Sie sich hier? Überwiegend sagen die Leute: Die Heimat habe ich hier, weil ich hier meinen Lebensmittelpunkt habe.

Ich empfinde Hohenlohe als meine Heimat und erlebe diese emotionale Dimension als sehr schön. Bei meiner Frau ist diese emotionale Bindung noch stärker. Sie hat sich mit dem Anne-Sophie-Hotel und mit Freunden hier stark engagiert. Das ist auch für mich eine Bindung an Hohenlohe.

Ich lebe aber gerne auch in Salzburg. Vielleicht wäre ich ganz dorthin, mit dem ersten Wohnsitz, wenn meine Frau nicht gewesen wäre. Dann wäre ich heute halt in Salzburg mit dem ersten Wohnsitz und würde mich dort unglaublich wohl fühlen. Salzburg ist für mich nicht nur die zweite Heimat, sondern manches Mal die erste.

Sprache ist auch ein Teil der emotionalen Heimat. Welche Rolle spielt das für Sie? Sie pflegen den hohenlohischen Akzent. Sie haben bei der baden-württembergischen Werbekampagne mit der Aussage mitgewirkt: Wir können alles außer Hochdeutsch.

Ich halte es für eine starke und positive Charaktereigenschaft, wenn jemand sein Idiom beibehält. Daraus habe ich nie einen Hehl gemacht, aus Hohenlohe zu kommen. Ich habe nie versucht, mir den Salzburger Dialekt anzueignen, damit die Leute nicht merken, dass ich dort kein Einheimischer bin.

Die gleiche Haltung habe ich immer an meinem Stiefvater bewundert. Meine Mutter hat ja ein zweites Mal geheiratet, den Walter Kindermann, der war Westfale, Finanzbeamter, hat das Finanzamt in Künzelsau geleitet. Der hat bis zum Tod ein glasklares Westfälisch gesprochen. Obwohl er über dreißig Jahre hier in Hohenlohe verbracht hat, floss in seine Sprache kein hohenlohischer Laut ein. Das habe ich als sehr schön empfunden.

Was ist das Anziehende, das Besondere an Salzburg?

Meine Familie hat in Salzburg zwei schöne Anwesen in einer schönen Landschaft. Die Stadt strahlt eine gewinnende Harmonie aus. Dann verlockt die vielfältige Kultur. Sie finden in Europa kaum einen zweiten vergleichbaren Ort mit so viel Kultur auf einem Fleck wie in Salzburg – das ganze Jahr über. Die Museen sind hoch attraktiv. Das Naturkundemuseum ist eines der führenden seiner Art in der Welt. Wo hat ein Kunstmuseum eine so attraktive Lage wie das oben auf dem Berg in Salzburg? Die medizinische Versorgung ist exzellent, voran das Universitätsklinikum.

Spielt für Sie das gesellschaftliche Leben in Salzburg eine wichtige Rolle?

Untergeordnet. Ich gehöre nicht zur Bussi-Gesellschaft, meine Frau auch nicht. Wir drängeln uns nicht dort, wo sich die Welt einfindet, die man die Bunte nennt. Wir machen ein paar Mal im Jahr Einladungen bei uns zu Hause. Das sind vier, fünf Ereignisse im Jahr. Das meiste, was uns an Einladungen zukommt, lehne ich ab. Da erhalten Sie zwei, drei Einladungen für einen Abend. So etwas mache ich nicht mit. Ich habe viel zu tun und bin froh, wenn ich in Salzburg Stunden der Ruhe habe – oder Zeit, um mit meiner Frau über den wunderschönen Markt zu bummeln.

Kapitel 7
Was der Folgegeneration erspart bleiben soll

Existenzielle Grenzerfahrungen

Schicksalsschläge in der Familie / Enttäuschungen im Steuerstreit / Erfolg schafft nicht nur Freunde

Wir gehören beide zu der letzten noch nicht abgetretenen Generation, die den Zweiten Weltkrieg erlebt hat. Wir hatten Erlebnisse, die uns in frühen Lebensjahren existenzielle Ängste, Vernichtung und Tod erfahren ließen. Welche Erinnerungen haben Sie daran? Was entstand daraus für Ihre Lebenseinstellung?

Die heute dominierende Einsicht, dass wir die lange Periode des Friedens und des Wohlstandes, die wir in Deutschland und Europa seit 1945 erlebten, nicht hoch genug einschätzen können. Sogar der im sogenannten Kalten Krieg befürchteten atomaren Katastrophe sind wir entkommen. Diese Erkenntnis müssen wir der nachfolgenden Generation vermitteln. Ihr ist – zumindest bisher – erspart geblieben, was wir an Grausamkeiten des Krieges und seiner Folgen kennenlernen mussten.

Das sind Grenzerfahrungen mit existenzieller Angst, die man sein Leben lang nicht vergisst. Als ich neun Jahre alt war, spielte ich mit Freunden in der Austraße in Künzelsau. Plötzlich kam ein Jagdbomber, um die Kochertaleisenbahn anzugreifen. Der Pilot begann schon in der Höhe der Gebäude der dicht bewohnten Straße mit seiner Bordkanone zu schießen. Wir Kinder rannten auseinander. Ich suchte hinter einer kleinen Mauer am Balkon im Erdgeschoß des Hauses Austraße 13 Schutz. Wenn ich nur drei oder vier Meter weiter links oder rechts gestanden hätte, wäre ich tot geschossen worden. Aber ein guter Engel hat mich beschützt. In der Straße waren von den Einschüssen fünfzig Zentimeter weite Löcher. Den Lokomotivführer traf der Pilot auf seinem Zug tödlich.

Wenn wir jetzt im Fernsehen aus der Ukraine wieder Kriegsbilder sehen, werden schlimme Erinnerungen wach. Etwa eine Woche nach dem großen Bombenangriff der Royal Airforce auf Heilbronn im Jahr 1944, bei dem über 6.000 Menschen getötet wurden, fuhren mein Vater und ich durch die zerstörte Stadt nach Ilsfeld zu den Eltern meines Vaters. Weil

Bahn- und Straßenbahnlinien unterbrochen waren, mussten wir zu Fuß vom Karlstor zum Südbahnhof. Es stank bestialisch nach verbranntem Fleisch. Ich erinnere mich an Zinkwannen, die bei den Trümmerhalden an notdürftig geräumten Straßen standen. Darin lagen verbrannte Leichen, bis auf sechzig Zentimeter geschrumpfte Menschenleichen. Ein grausamer Anblick, der an mir und in mir haften blieb. Dass ich die Vereinigung Europas als Friedensprojekt für so wichtig halte, das hat auch damit zu tun. Und ebenso der Appell für eine neue Russlandpolitik, den ich im November mit unterzeichnet habe.

Als Unternehmer sind Sie, Wagnisse nicht scheuend, von Erfolg zu Erfolg gegangen, fast schon nach olympischem Motto: Schneller, Höher, Weiter. Aber es gab Rückschläge, es gab Enttäuschungen, es gab Grenzsituationen – im Unternehmen und in Ihrer Familie. Sprechen Sie darüber?

Das kann ich nicht verheimlichen, das will ich auch nicht verheimlichen. Die entscheidende Frage ist: Lernt man daraus? Ich habe immer versucht, aus Erfahrungen zu lernen. Es klingt so trivial: Wir lernen aus dem Leben. Aber es ist für mich eine ständige Lehrzeit. Ich bin neugierig und lernbereit geblieben. Situationen, die Sie mit Ihrer Frage ansprechen, sind auch Prüfungen, für die Fähigkeiten des Unternehmers, für die persönliche Physis und Psyche, für die Liebe, die eine Familie braucht.

Wagnisse gehören zum Unternehmer wie die Ausdauer zum Marathonläufer. Ich wäre kein Unternehmer geworden, wenn ich dazu nicht bereit und fähig gewesen wäre. Ich wusste, dass es Rückschläge geben kann. Anfang der sechziger Jahre hatte ich dazu ein prägendes Erlebnis. Bei dem stürmischen Wachstum mit oft 70 bis 100 Prozent pro Jahr war die Liquidität immer knapp, das Geld steckte in Debitoren und im Lagerbestand. So hatte ich wieder einmal das Kreditkonto bei der Volksbank überzogen. Der Direktor zitierte mich eines Tages und erklärte: „Würth, wenn Du jetzt noch einmal Dein Konto überziehst, dann sperre ich das Konto, honoriere keinen Scheck mehr und breche die Geschäftsbeziehung ab, ich lasse mir doch von Ihnen meine Pension nicht kaputtmachen." Dieses Erlebnis prägte mich für das ganze Leben: Einer meiner wichtigsten Grundsätze war und ist: **Wachstum ohne Gewinn ist tödlich.**

Ich habe ja kein Abitur gemacht, mein Vater hat mich vorher, als ich vierzehn war, aus der Oberschule in Künzelsau genommen. An eine Universität bin ich erst gekommen, als ich 1999 in Karlsruhe eine Professur für Entrepreneurship übernahm. Ich habe versucht, dabei an die Studierenden weiterzugeben, was ich in meiner unternehmerischen Praxis an Erfahrung gesammelt habe. Dazu gehört auch, dass man für sich und sein Unternehmen Ziele möglichst für zehn Jahre in die Zukunft definieren und anstreben muss. Ich habe meine Ziele nie aufgegeben, auch wenn sie manchmal unerreichbar erschienen und ab und an Rückschläge eintraten.

Kurz nach der Jahrtausendwende gab es einen allgemeinen wirtschaftlichen Rückgang, der 2003 auch auf die Würth-Gruppe durchschlug. Hinzu kam der erste Irak-Krieg. Wir mussten sogar Mitarbeiter entlassen. Wir haben die Struktur und die Führung der Gruppe neu gestaltet. Aber ich habe nie meinen Optimismus aufgegeben, dass wir unsere Ziele erreichen werden: Dort, wo wir Marktführer sind, die Position auszubauen, dort, wo wir es noch nicht sind, es zu werden.

Fazit: Rückschläge passieren, aber das darf einen nicht davon abhalten, seine Ziele weiter zu verfolgen, sich neue Ziele vorzunehmen. Mein Ziel ist es immer geblieben, besser zu sein als der Durchschnitt.

Das schafft nicht nur Freunde!

Neid ist eine Frucht des Erfolgs.

Auch Enttäuschungen bleiben nie aus. Wie kommen Sie darüber hinweg?

Enttäuschungen schmerzen immer. Die Zuversicht, dass sie verkraftet werden können, und das Wissen, dass sie zum Leben gehören, hilft darüber hinweg. Enttäuschungen entstehen auch aus eigenen Fehlern, zum Beispiel bei Personalentscheidungen. Bei einigen Gründungen von Auslandsgesellschaften habe ich dabei Lehrgeld bezahlen müssen, wie in den Niederlanden, wo ich einen Mann mit dem Verkauf beauftragt hatte, der aufgrund seiner Unerfahrenheit nichts zuwege brachte. Mit einem anderen holländischen Mitarbeiter ging ich dann selbst in den Niederlanden zu den Kunden.

Entsetzt war ich, als das erste Geschäftsjahr bei Würth Österreich mit einem Verlust abgeschlossen werden musste. Ich war damals voller Sorge in Wien, vergatterte die Geschäftsführung, die Hälfte des Verlustes in einem Wechsel quer zu schreiben. Das war eine wirksame Disziplinierung. In den Folgejahren war Schluss mit den Verlusten.

Enttäuschungen entstehen auch, wenn man sich in der Entwicklung neuer Geschäftsfelder zu viel oder zu schnellen Erfolg verspricht. Wir haben 1971 eine Abteilung Elektronik gegründet, und es dauerte Jahre, bis der Erfolg eintrat, den heute die Würth Elektronik in Niedernhall hat. Viele Firmen, die wir akquiriert haben, mussten saniert werden, bevor sie Gewinn brachten. Heute gehört die Würth Elektronik zu unseren besten Pferden im Stall.

Da kündigt ein wichtiger Mitarbeiter oder eine tüchtige Mitarbeiterin, und man ist enttäuscht und meint, das löst riesige Zukunftsprobleme aus. Fünf Jahre später stellt man fest: Es hätte gar nichts Besseres passieren können als diese Kündigung, einfach weil die Position von einem Nachfolger viel besser wahrgenommen wurde, als dies vorher der Fall war. So können sich Enttäuschungen im Zeitverlauf als riesige Erfolge herausstellen.

Die Auswirkungen der ersten Ölkrise um 1975 schockierten mich. Zum ersten Mal musste ich einen Umsatzrückgang hinnehmen, zum ersten Mal Mitarbeiter entlassen. Wir hatten Liquiditätsprobleme, erhebliche Außenstände bei den ausländischen Töchtern. Privat musste ich zudem die Sanierung des Schlosses Hermersberg tragen, das ich 1970 als Familiensitz gekauft hatte; die Kosten stiegen weit über das geplante Maß hinaus. Die Banken engten unsere Kreditlinien ein, überprüften ständig deren Einhaltung. Jeden Tag rief eine Bank an und verlangte Geld auf die überzogenen Konten. Wir stellten fest, dass wir in den Zeiten rasanten Wachstums unsere Planung vernachlässigt hatten. Wir brachten das in Ordnung, unter anderem durch Leasing der Immobilien. 1976 stellten wir wieder Mitarbeiter neu ein. Ab 1977 ging's wieder richtig aufwärts. Aus der Krise lernten wir, uns neu zu strukturieren und auf allen Ebenen für das Wachstum organisatorisch, planerisch und finanztechnisch einzustellen.

So wie man sich nicht auf Erfolgen ausruhen darf, gilt es, sich von Rückschlägen nicht entmutigen zu lassen. Aus den Rückschlägen und Enttäuschungen gewannen wir eine positive Energie für unsere Zukunft. Denn nicht nur die Erfolge müssen ein Unternehmen vorantreiben. Auch Misserfolge müssen kritisch analysiert und hinterfragt werden, immer mit dem Ziel, noch besser, noch erfolgreicher zu werden.

Gegen Sie wurde 2007 eine Steuerstrafe in Millionenhöhe verhängt. Sie haben öffentlich dargelegt, wie tief Sie die Steueraffäre persönlich erschüttert hat. Der Bild-Zeitung haben Sie in einem Interview gesagt, wenn Sie morgens in den Spiegel schauten, sähen Sie dort einen Gangster. Was ist der harte Kern, von dem sie sagten, den müssten sie wegstecken?

Ich fühle mich heute noch massiv unfair und ungerecht behandelt. Wenn ich damals so viel über Steuerstrafrecht gewusst hätte wie heute, wäre das Verfahren ganz anders gelaufen. Wenn ich jünger gewesen wäre und eine gute Rechtsvertretung gehabt hätte, dann hätte man das Verfahren nicht mit einem Strafbefehl enden lassen um des Friedens willen, sondern man hätte den Prozess durch die Instanzen bis zum obersten Gericht durchgezogen. Die Strafe belastet mich noch heute sehr. Die Wunde ist inzwischen verheilt, aber Narben bleiben, die manchmal schmerzen.

Haben Sie selbst keine Fehler gemacht, die das Verfahren mit ausgelöst haben?

Überwiegend ging es ja im Verfahren um Verrechnungspreise und Kostenverrechnungen zwischen den Obergesellschaften. Über genau diese Vorgänge waren vorher zwölf Betriebsprüfungen gegangen innerhalb eines Zeitraums von 30 bis 40 Jahren, ohne jede Beanstandung.

Ich habe in der Wahl meiner Anwälte Fehler gemacht, war miserabel beraten von der Anwaltsseite. Das war für mich eine Katastrophe. Als bei mir im Büro die Hausdurchsuchung war, befand ich mich zu einem Gespräch im Bundeskanzleramt in Berlin. Als die Steuerfahnder ins Haus kamen, war nicht einmal ein Anwalt da. Der musste erst aus Stuttgart geholt werden. Er hatte offenbar nicht antizipiert, was da auf uns zukam. Und ich frage mich, war es wirklich Zufall, dass ich zum fraglichen Zeitpunkt nicht im Haus war? Oder hatte da jemand vorher – auf welche Weise auch immer – Einblick in meinen Kalender genommen? Ich selbst war nie zu den Vorwürfen befragt worden. Ich bin später aus eigenem Antrieb zur Staatsanwaltschaft gefahren.

Mein Anwalt sagte mir: „… für Sie ist zwei Jahre Loch vorgesehen."

Der Anwalt hat mich belogen, um nachher das, was an Kompromiss herauskam, als seinen Erfolg verkaufen zu können. Nach solch einem anwaltlichen Vertrauensbruch würde ich ihm heute sofort das Mandat entziehen und einen anderen Anwalt suchen! Da sind noch einige andere Dinge gewesen. Weil ich selber ein ungutes Gefühl hatte, wollte ich zusätzlich einen Anwalt aus Düsseldorf einschalten. Das hat dann der Stuttgarter Anwalt ebenfalls abgeblockt und mir erklärt, es sei schon alles mit der Staatsanwaltschaft verhandelt. Daraufhin hat der Anwalt aus Düsseldorf von sich aus einen Rückzieher gemacht und gesagt, er wolle da nicht mehr intervenieren, wenn das schon so weit sei. Wenn der Anwalt in Düsseldorf die Akten zu sehen bekommen hätte, wenn der gesehen hätte, was da läuft, dann wäre das komplett anders ausgegangen.

Und ein ganz wichtiger Aspekt war ja eigentlich, dass man mich herangezogen hat, obwohl ich persönlich rechtlich so weit weg war vom Unternehmen. Ich bin ja überhaupt nicht mehr Eigentümer. Die Steuern werden von den Familienstiftungen bezahlt. Das Unternehmen gehört Stiftungen. Die Behörden haben mich haftbar gemacht, als wäre ich der Eigentümer des Unternehmens, der für alles haftet. Dieser Aspekt kam fälschlicherweise überhaupt nicht in die Diskussion. So ist das also juristisch katastrophal gelaufen.

Ich habe außer in diesem einen Gespräch nie mit der Staatanwaltschaft gesprochen. Man hat mich nie befragt über irgendeinen Sachverhalt. Das hat alles der Anwalt gemacht. Ich bin auch nie vom Richter gefragt worden in Heilbronn, der dann den Strafbefehl ausgestellt hat. Eigentlich hätte der mich doch einmal kommen lassen müssen. Der hätte mich befragen müssen, wie ich die Angelegenheit sehe. Aber die Anwälte haben ihm gesagt, sie hätten alles mit dem Würth schon verhandelt. Das ist fertig zum Unterschreiben. Es war eine Katastrophe.

Auffällig ist doch, dass Betriebsprüfungen stattfanden, Bilanzen veröffentlicht wurden und Jahre lang alles in Ordnung schien. Dann wird plötzlich alles nach rückwärts aufgerollt. Stand da jemand dahinter? Wer? Weshalb?

Ich weiß es nicht. Ich weiß es wirklich nicht. Aber ich würde heute nicht mehr einen Anwalt aus dem Sprengel des zuständigen Staatsanwalts nehmen. Da laufen zu viele kryptische Verbindungen. Das können Sie überhaupt nicht vermeiden, wenn sie zwanzig, dreißig Jahre zusammenarbeiten. Ich sage das, ohne eine These aufstellen zu wollen, dass da Kungeleien stattfanden. Meine Chancen wären besser, zumindest fairer, mit einem gebietsfremden Anwalt gewesen.

Hat zu Ihrer Enttäuschung auch beigetragen, dass sich die Politik nicht in der Lage gesehen hat, korrigierend einzugreifen. Haben Sie erwartet, dass Ihr philanthropisches Wirken höher bewertet wird?

Nicht unbedingt bei der Politik, aber bei den Medien. Ich habe Verständnis dafür, dass seitens der Politik in solchen Fällen Zurückhaltung vorherrscht. Auch das gehört zum rechtsstaatlichen Verhalten, dass die Politik nicht in die Justiz eingreift. Genauso erwarte ich von den Medien und der Politik, dass sie Betroffene davor schützen, zu Unrecht an den Pranger gestellt zu werden. Das ist auch eine Aufgabe der seriösen Presse.

Ich hatte damals ein sehr schönes Erlebnis mit dem Bundespräsidenten Köhler. Die Stuttgarter Zeitung hat geschrieben, der Würth müsse sein Verdienstkreuz zurückgeben. Dann hat der Bundespräsident gesagt: Der behält sein Verdienstkreuz. Das war dann doch etwas Balsam für mich.

Damals habe ich die Richtigkeit des Sprichworts „Freunde in der Not, gehen Tausend auf ein Lot" erlebt. In dem negativen Presserummel zogen sich die meisten Vertreter des öffentlichen Lebens zurück, mit drei Ausnahmen. Wissenschaftsminister Frankenberger rief mich an, der CDU-Fraktionschef Stefan Mappus kam zu mir ins Büro, der Grüne Rezzo Schlauch besuchte mich und sprach mir Mut zu. Das werde ich diesen Herren nie vergessen.

Sie haben sich selbst oft als Familienmenschen bezeichnet. Das erleben Ihre Mitarbeiter, das erleben Tausende in der Würth-Gruppe, wenn die ganze Familie bei Betriebsfesten mitfeiert, wenn Sie und Ihre Frau wichtige Geburtstage in großem Mitarbeiterkreis feiern. Umso härter müssen Sie die Schicksalsschläge getroffen haben, von denen Ihre Familie nicht verschont blieb. Können wir darüber sprechen?

Meine Familie und ich haben gelernt, damit umzugehen, dass unser Sohn Markus wegen eines ärztlichen Fehlers mit einer Behinderung leben muss und unsere Enkelin Anne-Sophie im Alter von acht Jahren bei einem Verkehrsunfall ihr Leben verlor. Das bleibt ein dauerhafter Schmerz. Aber ich glaube, sagen zu dürfen, dass ich das ohne Hader einfach akzeptieren musste. Ich bin mir im Klaren: Wenn irgendjemand zur falschen Zeit am falschen Ort ist, dass das jedem hätte passieren können, was mit Anne-Sophie geschah. Meine Frau und ich waren glücklich über die Geburt unserer Töchter. Und als dann der Sohn Markus kam, dachte ich, dass mir damit ein Nachfolger geschenkt wurde.

Bei unserem Sohn Markus könnte man ja fragen: Wie kann ein Arzt so einen Fehler machen? Bei einer dreifachen Impfung, wo die erste Impfung zu hohem Fieber geführt hat, einfach weiter zu impfen, obwohl meine Frau ausdrücklich sagte, ich möchte nicht weiter impfen, weil er Fieber hatte. Und der Arzt sagte: „Ach was, das ist so ein gesunder Kerl, der sieht so gut aus, das macht ihm nichts aus." Er hat das zweite Mal geimpft, und das war dann die große Katastrophe. Markus hatte sechs Monate lang hohes Fieber. Das Gehirn wurde massiv geschädigt.

Man kann eigentlich auch daraus nur lernen. Wenn ich damit zu tun hätte, ich würde es strikt verbieten, dass Allgemeinärzte Kindern impfen dürfen. Das wäre nach meiner Vorstellung exklusiv die Aufgabe von Kinderärzten, weil die doch mehr Verständnis für die Kleinen haben, mehr spezielles Know-how. Später, wenn man mit Ärzten über unseren Fall Markus gesprochen hat, haben die die Hände über dem Kopf zusammengeschlagen und gesagt, „Wie kann man nur".

Der Markus ist so ein lieber Mensch. Das ist eine Tragödie, dass man so ein Menschenleben fast zerstört hat durch so einen Kunstfehler. Aber es macht auch keinen Sinn, zu fragen, wie kann Gott so etwas zulassen. Das sind dann die großen Fragen des Lebens, vor denen man einfach bescheiden bleiben muss in der eigenen Ohnmacht. Und man muss versuchen, aus dieser Erfahrung heraus anderen zu helfen, die mit einem schweren Schicksal fertig werden müssen. Meine Frau, die sich das besonders zu eigen gemacht hat, sagt, die Ideen dafür entstehen nicht im Kopf, sondern im Herzen.

Der Markus lebt in einer anthroposophischen Dorfgemeinschaft. Unsere Familie unterstützt dieses Projekt mit der Würth-Stiftung finanziell. Unsere Tochter Bettina, heute die Vorsitzende des Beirats der Würth-Gruppe, gründete im Gedenken an die kleine Anne-Sophie die Freie Schule Anne-Sophie in Künzelsau und in Berlin. Bettina hat dabei ihre pädagogischen Erfahrungen in das Leitbild der Schulen eingebracht. Es zielt darauf ab, Kinder und Jugendliche durch Bildung und Erziehung zu Eigenverantwortung zu befähigen. Sie sollen als unverwechselbare Persönlichkeiten ihr Leben erfolgreich gestalten können. Heute (2015) führt diese Schule als Gesamtschule 600 Kinder auch bis zum Abitur.

Auch hier leisten wir mit der Stiftung Würth unseren finanziellen Beitrag. Meine Frau setzt sich mit ihrer großen Kraft und Liebe für behinderte Menschen in Deutschland und im Ausland ein. 2003 gründete meine Frau das Hotel-Restaurant Anne-Sophie in Künzelsau, das mit der Beschützenden Werkstatt in Heilbronn und Ingelfingen zusammenarbeitet. Sie folgt damit ihrem wichtigsten Anliegen, dem Leben behinderter Menschen Sinn und Erfüllung zu geben. Behinderte Menschen lernen unter pädagogischer und fachlicher Betreuung, sich in die Arbeitsabläufe eines gastronomischen Betriebs einzubringen.

Die Schicksalsschläge, die meine Frau und ich erfahren haben, haben uns an die Grenzen unserer eigenen Existenz geführt. Das macht demütig. Wir versuchen, anderen zu helfen, über ihre Schicksalsschläge hinwegzukommen.

Kapitel 8
Der Christ Reinhold Würth

Im Glauben liegt Trost und Hoffnung

Auch Hindus und Reichen ist der Himmel offen / Die Schöpfung ist kein Zufall der Evolution / Die Sozialpflicht des Eigentums in der Praxis

Kurz vor dem 80. Geburtstag liegen die Gedanken an die Endlichkeit des Lebens nahe. Glauben Sie an ein Jenseits?

Ja. Aber ich weiß nicht, wo es ist und wie ich es mir vorstellen soll oder kann.

Sie haben in unseren Gesprächen wiederholt betont, dass Sie durch Ihr Leben und durch Ihre Reisen, durch die Begegnungen mit anderen Kulturen so tolerant geworden seien, dass Sie die Religionen nebeneinander sehen und nicht mehr hierarchisch, wie uns das Christentum als die Krönung aller Religionen vermittelt wurde. Ist für Sie die Hierarchie der Religionen mit dem von der Heilsgeschichte und der Aufklärung geprägten Christentum an der Spitze aufgelöst worden?

Sicher nicht. Ich fühle mich definitiv als Christ. Ich bin konfirmiert worden. Später habe ich in unserer Gemeinde in Künzelsau eine Weile das Amt eines Diakons ausgeübt. Mein Vater hat in seiner Gemeinde mitgearbeitet. Der Besuch des Gottesdienstes gehörte für unsere Familie zum Sonntag.

Ich erinnere mich, wie meine Eltern mich auf unserer ersten Urlaubsfahrt mit unserem Opel Olympia, als wir in der Gegend von Hannover Station machten, nach Lehrte schickten, um ausfindig zu machen, wo die Neuapostolische Kirche ist. Ich fand sie, und wir gingen sonntags gemeinsam zum Gottesdienst.

Meine Frau habe ich in einer neuapostolischen Kirche beim Gottesdienst kennengelernt. Sie sang im Chor ihrer Gemeinde in Friedrichshafen. Damals saßen Männer und Frauen noch getrennt im Kirchenschiff, die Frauen links, der Chor vorn rechts vom Altar. Wir wurden am 9. Dezember 1956 in der neuapostolischen Kirche in Künzelsau getraut. Carmen trug ihren weißen Schleier zu Recht. Wir waren beide streng neuapostolisch erzogen worden.

Auch wenn ich nicht mehr jeden Sonntag in die Kirche gehe – ich gehöre dazu. Schon meine Großeltern waren neuapostolisch. Wir kommen aus einer Gegend, in der es traditionell viele Facetten des Protestantismus gibt. Diese Herkunft wird man nicht einfach los wie einen abgetragenen Anzug.

Der Glaube gibt dem Christen Kraft, sich der Altersdepression zu widersetzen. Gilt das in unserer Zeit noch, die von Diesseitigkeit geprägt ist?

Ich meine schon. Im Glauben liegt etwas Tröstliches. Und auch etwas Hoffnungsvolles. Das drückt sich als Bitte in einem schönen Gebet aus: Herr gib mir einen gnädigen Tod. Meine Idealvorstellung ist es, am Sonntagnachmittag so um halb drei nach einem schönen Essen und einem guten Glas Wein im Opa-Sessel einzuschlafen und nicht mehr aufzuwachen. Aber wir können uns unser Ende nicht aussuchen, wir müssen das nehmen, wie es Gott entscheidet.

Viele Menschen fürchten ja die Altersdepressionen, weil sie in ihrem Leben keine Aufgaben mehr haben, zum Beispiel nach der Pensionierung in ein Loch fallen. Davor muss ich keine Angst haben. Menschen, die aktiv sind, werden leichter mit dem Älterwerden fertig. Und sie werden in der Regel auch älter als andere, die nicht mehr wissen, wofür sie leben.

Je älter ich werde, desto wichtiger wird mir meine Familie mit allen ihren lebenden und nicht mehr lebenden Mitgliedern. Ich sehe mich als Glied einer Kette, die von meinen Ahnen bis zu meinen Enkeln reicht, als Teil eines Stammes, dessen Wurzeln sich in der Vergangenheit verlieren. Ich lebe aus diesen Wurzeln von meinen Eltern, Großeltern und Urgroßeltern her. Meine Vorfahren waren berechenbar, solide und zuverlässig. Eigenschaften, die ich mir als Christ zu eigen gemacht habe.

Heimat, Familie, Glaube an Gott sind meine Kraftquellen.

Haben Sie ein christliches Weltbild?

Ich gehe von meinem christlichen Weltbild aus. Ich versuche, nach den christlichen Regeln zu leben. Da stehen die zehn Gebote als praktische Anweisung ganz oben. Ich habe sie schon als Kind gelernt, später im Konfirmanden-Unterricht. Sie sind immer eine Richtschnur für mich geblieben – auch wenn die Lebenserfahrung und die damit verbundene Nüchternheit uns erkennen lässt, dass es wahrscheinlich niemandem gelingt, ständig untadelig danach zu leben. Das setzt die Gebote nicht außer Kraft, macht sie nicht weniger wichtig. Gerade weil wir die menschlichen Schwächen kennen, wissen wir auch, wie wichtig die Gebote sind. Sie gründen in dem, was wir Gewissen nennen.

Nach meiner Beobachtung hat jeder Mensch ein Gewissen mitbekommen. Dabei spielt es keine Rolle, welcher Religion die Menschen angehören, ob das in Indien ist oder in Russland. Stehlen ist überall ein Negativum und wird, egal wie sie es definieren, als eine Sünde gewertet. Jeder weiß: Wenn er was mitnimmt, was ihm nicht gehört, hat er ein schlechtes Gewissen. Ich glaube schon, dass in die Genetik des Menschen dieses Gewissen integriert ist, sozusagen als Basisgeschenk für die Ausstattung des sozialen Wesens Mensch. Dazu braucht es im Grunde keiner Religion. Ein Gewissen trägt jeder Mensch in sich, und es gibt ihm eine Fähigkeit, zu unterscheiden, was recht und was unrecht ist.

Zum Glauben gehört auch der Zweifel, nicht erst als Ergebnis der Aufklärung. Sind Sie davon frei?

Natürlich nicht. Unsere Welt gibt jeden Tag Anlass zum Zweifel – und zum Verzweifeln am Glauben. Ich war im August 2014 am Hartmansweilerkopf im Elsass, als Bundespräsident Joachim Gauck und Präsident François Hollande den Grundstein für eine Gedenkstätte gelegt haben. Dort kamen im Ersten Weltkrieg vor hundert Jahren auf etwas mehr als einem Quadratkilometer mehr als 30.000 Soldaten ums Leben. Die haben sich gegenseitig umgebracht, waren Kanonenfutter. Auf beiden Seiten, bei den Franzosen und bei uns Deutschen, haben die Pfarrer die Waffen gesegnet und den Soldaten zugerufen: Gott mit uns! Da muss man sich doch fragen: Wo ist der liebe Gott geblieben? Das kann nicht in seinem Namen gewesen sein.

Die Bibel enthält die Apokalypse. Der Weltuntergang zieht sich als Schreckens- und Erlösungsvision durch das Christentum.

Heute hat die Menschheit Möglichkeiten entwickelt, sich selbst die Existenzgrundlagen zu nehmen. Es wird immer wahrscheinlicher, dass Tausende von Atombomben nicht immer in den Depots bleiben. Irgendwann wird ein Verrückter die nukleare Katastrophe auslösen, der Gegner schießt zurück mit Atombomben. Dann werden vielleicht einige zurückbleiben, die in die Steinzeit zurückgebombt wurden. Es wird wieder Tausende von Jahren brauchen, um den jetzigen Technologiestand zu erreichen. So muss man sich das vielleicht vorstellen.

Vielleicht hat es Gott doch sehr gnädig mit uns gemeint, dass er das bisher verhindert hat.

Tja, der liebe Gott hat uns den Verstand gegeben; und wenn der Verstand richtig genutzt wird, dann ist das göttlich.

Das christliche Weltbild beruht auf der Schöpfungsgeschichte des Alten Testaments. Atheisten sagen, im Kosmos sei noch keine Spur von einem Schöpfer entdeckt worden. Die Evolution ein Zufall?

Die Erkenntnisse der Naturwissenschaft übertreffen, was wir als Kinder von Eltern und Großeltern, in der Schule und der Kirche über Himmel und Erde gelernt haben. Aber ich kann mir einfach nicht vorstellen, dass dieses wundervolle, wunderbare System, das wir Menschen physisch und geistig sind, das wir zum Beispiel durch die Neurologie und die Gehirnforschung, durch die Genetik gerade erst kennen lernen, dass wir Menschen in unserer Evolution Zufallsergebnisse sind. Ich meine, gerade durch die Erkenntnisse der Forschung wird klar, dass es einen Schöpfer gibt.

Die Existenz eines Gottes ist für mich also fast selbstverständlich. Wer sagt: Es gibt keinen Gott, kann das ebenso wenig beweisen, wie ich einen Gottesbeweis liefern kann. Da erleben wir den Unterschied zwischen Wissen und Glauben. Die Gottesfrage füllt ganze Bibliotheken. Wir können mit unserem Verstand die Lösung nicht finden. Wir können uns nur auf den Glauben hin bewegen.

Der Christ Reinhold Würth

Wenn wir uns die Dimensionen des Kosmos zu vergegenwärtigen versuchen, dann erkennen wir, wie klein wir Menschen sind, wie wenig wir über uns und die Welt wissen. Die Milchstraße, die uns mit ihren Milliarden Sternen immer wieder fasziniert, ist im Weltall nur ein ganz kleiner Spiralnebel. Wie können wir mit unseren Vorstellungen von Zeit und Raum die Unendlichkeit des Weltalls erfassen?

In meiner Jugend war der Urknall drei Milliarden Jahre zurück; heute spricht man von acht Milliarden Jahren. Was kommt hinter dem Weltall? Was war vor dem Urknall? Die Erkenntnisse, die wir über den Kosmos von der Wissenschaft erfahren, führen uns zugleich zu der Einsicht, dass wir sehr wenig über die Entstehung unserer Existenz wissen. Das mahnt zu Bescheidenheit. Wir müssen uns in Demut bescheiden vor der Unfassbarkeit dieser Schöpfung, vor dem Kosmos, vor den zeitlichen Dimensionen des Weltalls beugen.

Und das erinnert uns an einen christlichen Glaubensgrundsatz: Wo die Menschenweisheit aufhört, fängt Gottesweisheit erst an. Über den Glauben finden wir eine Brücke in ein rational nicht zu erfassendes Verständnis unserer Existenz, in das Bewusstsein, wie begrenzt unsere eigene Zeit auf dieser Erde ist, wie wenig wir uns die Ewigkeit der Schöpfung oder ihr Ende vorstellen können. Wir werden gemahnt, uns mit unserem Tod zu beschäftigen.

Meine These ist, dass nur ein Gott ein so wunderbares Weltall, ein Wesen wie den Menschen geschaffen haben kann, und natürlich auch die Vielfalt der Tiere und der Pflanzen. Ich meine, dass der Evolution eine Schöpfungsidee zugrunde liegt. Es ist für mich unvorstellbar, dass alles von alleine gekommen sein soll, wie eine Folge von Zufälligkeiten in der Evolution. Dabei habe ich überhaupt kein Problem, die Darwin'sche Evolutionslehre zu akzeptieren – für Gott spielt eine Million, hundert Millionen Jahre keinerlei Rolle, so dass die Frage des zeitlichen Ablaufs der Menschwerdung vollkommene Nebensache ist.

Das schließt die Frage ein: Gibt es intelligente Wesen auf anderen Sternen? Es ist für mich kaum denkbar, dass in diesen Milliarden und Milliarden von Sternen wir auf unserer kleinen Erde die einzigen Wesen sind, die sich selbst reflektieren können. Vielleicht gibt es Millionen von anderen Kulturen, die in ihrer Entwicklung 500.000, 50 Millionen, 500 Millionen

Jahre weiter sind als wir. Es könnte ja sein, dass irgendwelche Wesen eine Möglichkeit gefunden haben, tatsächlich schneller als das Licht zu reisen. Mein Freund Harald Unkelbach, der Doktor der Mathematik ist, meinte kürzlich in einem unserer Gespräche, es gebe erste Thesen, dass es tatsächlich möglich sein könnte, schneller als das Licht zu reisen.

Verstehen Sie die Schöpfung als eine noch nicht abgeschlossene Entwicklung?

Die Schöpfungsgeschichte ist eine großartige Erzählung, die uns hilft, uns ein Bild von der Entstehung der Welt zu machen. Solche Geschichten von unserem Ursprung gibt es ja in fast allen Kulturen und Religionen. Wir können sie interpretieren.

Für mich ist die Schöpfung ein Prozess, eine Entwicklung, zu der auch die Erweiterung unseres Wissens durch die Naturwissenschaften gehört. Es könnte ja durchaus sein, dass im Kosmos andere intelligente und sich selbst reflektierende Wesen leben. Wir wissen noch viel zu wenig. Und wir können nicht sicher sein, ob wir nicht selbst unsere Lebensgrundlagen auf der Erde zerstören, zum Beispiel wenn irgendein Irrer den finalen nuklearen Krieg anfängt. Stephen Hawking hat nicht ohne Grund prophezeit, die Menschheit habe nur eine Chance zu überleben: nämlich, wenn sie auf einem anderen Stern siedeln könnte. Er könnte recht haben.

Führt uns die Einsicht von den Grenzen unseres Wissens zur Religion?

Ich meine schon. Die Gottesfrage füllt viele Bibliotheken, hat Gelehrte aller Religionen beschäftigt. Unser Verstand führt uns immer wieder an Grenzen – an neue, erweiterte Grenzen. Dann fängt die Zone an, in der unsere rationalen Erklärungen enden.

Viele Religionen beanspruchen die Wahrheit allein für sich. Davon waren und sind die christlichen Kirchen dogmatisch nicht frei. Wie verträgt sich das mit der Toleranz, die Sie zu Ihren Lebensregeln zählen?

Ich bin jetzt gleich 80 Jahre alt. Da hat sich viel Erfahrung mit anderen Kulturen und Religionen angesammelt. Ich bin im Kuratorium der Stiftung Welt-Ethos von Hans Küng. Ich definiere mich zwar als Christ, aber ich bin gegen jeden Alleinvertretungsanspruch in Sachen Religion. Ich respektiere jede Religion. Ich halte es mit dem Preußenkönig Friedrich II., dass jeder nach seiner Façon selig werden soll. So erwarte ich von Andersgläubigen den Respekt für mein Christentum, mit dem ich meinerseits ihrer Einstellung begegne.

Was wir jetzt im Nahen Osten und in Teilen Afrikas seitens der Terroristen des sogenannten Islamischen Staates erleben, das ist schrecklicher Irrsinn. Glücklicherweise haben führende Muslime in Deutschland klargestellt, dass dieser Terrorismus den Islam zur Begründung einer Schreckensdiktatur instrumentalisiert. Mir geht es darum, dass niemand einen Alleinzugang zum Himmel hat. Ich meine, ein Muslim oder ein Jude oder ein Buddhist oder ein Schintoist kann genauso in den Himmel kommen, in seinen Himmel kommen, wie wir als Christen in unseren.

Das Christentum hat lange gebraucht, bis es diese Einsicht erlaubte. Selbst die allgemeinen Menschenrechte sind von den Mächtigen des Christentums lange nicht anerkannt, geschweige denn geschützt worden. Hat unser christliches Menschenbild nicht ein paar ziemlich dunkle Flecken?

Zu viele, die das Mittelalter in der Christenheit überwinden und die Aufklärung durchsetzen wollten, sind exkommuniziert worden oder auf den Richtblock gekommen. Die Ableitung des Freiheitsanspruchs des Individuums aus dem christlichen Menschenbild, daraus der Grundsatz, dass die Freiheit des einzelnen Menschen unantastbar ist, weil sie von Gott kommt – das ist ja erst in den letzten hundert Jahren als Erkenntnis allgemein anerkannt worden. Dass Menschenrechte auf von Gott gegebenen Grundrechten beruhen, keinem Staat, keiner Regierung, keiner Menschenmacht zur Disposition anheim stehen – das ist ein schöner Grundsatz, von dem große, wenn nicht die größten Teile der Welt noch weit entfernt sind.

Wenn ich zurückdenke an meine Jugend, da war der Unterschied zwischen den Evangelischen und Katholischen noch enorm ausgeprägt, also das waren noch richtig konfrontative Sachverhalte. Oder wenn Sie an die Schwulen denken, die Lesben – ich meine, das wäre vor fünfzig Jahren undenkbar gewesen, dass ein Schwuler Berliner Oberbürgermeister wird. Das wäre verrückt gewesen, das hätte einen Aufstand gegeben und heute ist das alles ganz normal.

Unsere Generation ist in einer Zeit aufgewachsen, in der das Chris-
tentum mit Licht und Dunkel die weltliche Ordnung der Gesellschaft
bestimmt hat. Das christliche Milieu, die Bindung an die Kirchen, die
Vertrautheit mit christlichen Geboten löst sich in Europa auf. Was
bleibt erhalten? Welche Rolle bleibt für die Kirchen?

Tatsache ist, dass die Nähe zu Kirchen, die kirchlichen Bindungen geradezu inflationär abnehmen, und zwar in dem Maß, wie es den Menschen
besser geht. Die Menschen sind unabhängiger und selbstsicherer geworden. Sie entscheiden selbst und individuell, wo sie sich früher von Kirchen
und anderen Institutionen haben führen lassen.

Unsere Erfahrung ist, dass Gott in Notzeiten gefragt ist. Dann suchen die
Menschen auch wieder die Verbindung mit den Kirchen. In der heutigen
Zeit, wo es bei uns faktisch keine Not gibt, wo in Deutschland niemand
hungern oder frieren muss, da wird Gott nicht unbedingt gebraucht. Das
ist bewusst generalisierend gesagt, um einen Trend zu verdeutlichen. Ich
übersehe nicht, dass wir dort helfen müssen, wo es auch bei uns Menschen
gibt, die unsere Hilfe brauchen. Das wird eine wachsende Aufgabe. Nicht,
weil ich davon ausgehe, dass uns Deutschen unmittelbare Not bevor-
steht. Ich denke hierbei an die anschwellende Migration, die in Europa
die wohlhabenden Länder mit der Not in Afrika und im Nahen Osten
konfrontiert. Die rapid angestiegene Zahl der Menschen, die bei uns Asyl
suchen, bringt uns in ein Dilemma zwischen den christlichen Geboten
der Hilfe für Arme und Bedrängte einerseits und den Grenzen unserer
Bereitschaft zu wirtschaftlicher Großzügigkeit und kultureller Toleranz
andererseits.

Nicht überall auf der Welt verliert das Christentum gleichermaßen wie
in Europa an Anziehungskraft. Wenn der Papst auf den Philippinen
eine Messe hält, kommen Millionen Katholiken zusammen, ebenso in
Lateinamerika. In Afrika nehmen die evangelikalen Gemeinden zu.

Das bestätigt meine Feststellung, dass Menschen, die Not leiden – physisch
oder seelisch –, sich dorthin wenden, wo ihnen der Glaube auf eine für sie
greifbare Weise Trost und Stärkung verspricht. Insofern kann man sagen,
dass die Abwendung von den Kirchen in Europa ein Wohlstandphänomen
ist.

Der Christ Reinhold Würth

Behalten kleine kirchliche Gemeinschaften einen stärkeren Zusammenhalt als die großen Kirchen, entwickeln sie mehr Bindungskräfte für ihre Gemeindeglieder? Wie erleben Sie das in der neuapostolischen Gemeinde?

Ich stelle fest, dass auch in der neuapostolischen Kirche die Besuche rückläufig sind; aber relativ, also prozentual, sicher weniger als in den großen Kirchen. Trotzdem hat man in der neuapostolischen Kirche einige Kirchengebäude geschlossen, auch hier in der Gegend, und man hat Gemeinden zusammengelegt, aus Rationalisierungsgründen, weil es eben nicht mehr so viele Gemeindemitglieder waren. Die Kirchengläubigkeit ist auch hier auf den Prüfstand gestellt.

Ich war kürzlich in Malta. Wir haben eine neue Betriebsanlage eingeweiht und 25 Jahre Würth Malta gefeiert. Dort habe ich einen meiner besten Freunde, einen katholischen Priester. Er ist ein Kämpfertyp, ein unglaublich sympathischer, sportlicher Mensch, der auf Menschen zugeht, der Menschen einfach für sich einnimmt und begeistert. Der hat eine neue Kirche gebaut – ganz modern und schick gemacht. Alles wurde bezahlt. Er hat in jeder Messe zwischen 70 und 90 Prozent der Plätze besetzt. Das ist sonst in Malta auch nicht mehr so. Das Beispiel zeigt: Dort wo das kirchliche Angebot menschengerecht präsentiert wird, kommen die Gläubigen in die Kirche. Das ist ein katholisches Beispiel, und das ist neuapostolisch nicht anders. Dort wo sie sich richtig angesprochen fühlen, nehmen die Menschen kirchliche Angebote gerne an.

In der Bibel heißt es, eher komme ein Kamel durch ein Nadelöhr als ein Reicher in den Himmel. Keine gute Aussicht für Sie ...

Ja – das wurde mir schon im Konfirmandenunterricht beigebracht, dass wir nicht den materiellen Reichtum, sondern den geistigen, oder besser: den geistlichen uns als Ziel vornehmen sollten. Ich kann mir nicht vorstellen, dass Reiche grundsätzlich vom Himmelreich ausgeschlossen werden. Das könnte doch auch nicht christlich sein.

Was bedeutet Geld für einen Reichen wie Sie, der sich alles leisten kann, was käuflich ist?

Ganz persönlich für mich: Geld ist eigentlich irrelevant. Ich habe mehr Uhren, als ich am Arm tragen kann; ich habe zwei iPhones und iPads. Geld – das ist bedrucktes Papier in Zettelgröße.

Was schützt vor der Versuchung, Reichtum vor allem als Macht zu nutzen?

Demut, Bescheidenheit, die Einsicht von der Begrenztheit unseres menschlichen Lebens, die Anerkennung der zehn Gebote. Wenn man da nicht charakterfest ist, ist die Macht eine gefährliche Droge. Ob sie es wollen oder nicht, sie bringt die Menschen immer in die Gefahr, arrogant zu werden. Und die merken es dann selbst nicht. Sehr hoffe ich, dass es mir gelungen ist, mich von der Macht des Erfolgs nicht korrumpieren zu lassen.

Sie treiben Ihre Firmen zu dauerhaftem Wachstum an. Das heißt doch wohl: mehr Kapital, mehr Reichtum?

Ohne Wachstum im Wettbewerb, im globalen Wettbewerb, gefährden wir die Arbeitsplätze, die wir zusammen mit unseren Mitarbeitern geschaffen haben. Unser Reichtum – das sind jetzt 3,6 Milliarden Euro Eigenmittel der Würth-Gruppe. Dieses Kapital steckt in den Unternehmen der Würth-Gruppe, überall, in den Investitionen, in den Betriebsanlagen, in den Gebäuden. Das Ziel ist nicht persönliche Bereicherung. Das Ziel ist, der Würth-Gruppe die Grundlagen ihrer Zukunft zu geben. Ein irdisches Ziel – aber darin liegt die Verantwortung des Unternehmers. Vielleicht sogar eine besondere Verantwortung des christlichen Unternehmers, die immer die Arbeitsplätze einschließt, an denen zigtausende Familien hängen.

Meine Frau und ich, meine ganze Familie, sehen uns in einer sozialen Verpflichtung. Das entspricht unserer christlichen Einstellung. Das ist auch die Anerkennung der Sozialpflicht des Eigentums, die im Grundgesetz steht.

Die Sozialpflicht des Eigentums steht auch in dem Regelwerk, das für die ganze Würth-Gruppe über meine Zeit hinaus bindende Standards vorgibt. Meine Frau und ich haben mit unseren Stiftungen Aufgaben der Fürsorge für Schwache in der Gesellschaft, für die Förderung von jungen Talenten, für die Einrichtung von Schulen hier in der Region und in anderen Ländern, für die Betreuung von Menschen mit Behinderung übernommen.

Das mag nicht so bekannt sein wie die Kunstsammlungen der Würth-Gruppe, die wir der Öffentlichkeit unentgeltlich in den Kunstforen zugänglich machen, wie die Aktivitäten im Bereich der Hochschulen oder die Preise für Literatur und Musik. Aber hier praktizieren wir, was wir als eine Pflicht in der Gesellschaft gerne wahrnehmen. Wir lassen damit andere an unserem Reichtum teilhaben. Wir versuchen, damit den Kompromiss zwischen der Zukunftssicherung der Unternehmen des Konzerns und der Arbeitsplätze unserer Mitarbeiter einerseits und der Übernahme von Verpflichtungen in der Gesellschaft andererseits zu finden.

Auf der einen Seite soll und muss das Unternehmen sein Eigenkapital mehren, um seine Zukunft zu sichern und um neue Arbeitsplätze schaffen zu können. Auch das ist ein Beitrag zum Wohl der ganzen Gesellschaft, dass wir rund 66.000 Arbeitsplätze geschaffen haben. Auf der anderen Seite darf man den Ist-Zustand der Welt nicht vergessen. Ein klein wenig wollen wir schon zu einer besseren Welt beitragen – auch wenn wir wissen, dass wir die Welt nicht retten könnten, wenn wir auf all unser Eigentum verzichteten. Es scheint der Lauf der Dinge zu sein, dass die Reichen immer reicher werden. Deshalb spreche ich, obwohl ich ein Liberaler bin und bleibe, dem Staat das Recht zu ordnendem Eingreifen nicht ab.

In der Sozialpflicht des Eigentums, wie sie im Grundgesetz festgeschrieben ist, kommt ein Stück der christlichen Soziallehre zum Ausdruck. Ist das heute in der multikulturellen Gesellschaft noch aktuell?

Bei der Gründung der Bundesrepublik Deutschland und den Entscheidungen über das Grundgesetz war das sicher ein zentraler Beweggrund. Heute darf man diesen Aspekt nicht überkultivieren. Wir haben sehr viele muslimische Unternehmer in Deutschland, auch eine große Zahl jüdische, und sicher noch mehr, für die es überhaupt keine Bezüge zu irgendeiner Religiosität gibt. Aber das Grundgesetz verpflichtet alle, auch die Hindus und die Gottlosen.

Die Einstellung zu diesem Gebot unserer Verfassung ist heute eher eine Frage des persönlichen Gewissens als der Religion. Die Sozialpflicht des Eigentums entspricht in der offenen Gesellschaft menschlicher Logik und humanistischer Bildung; sie konkretisiert sich in den Arbeitsplätzen, die aus dem Eigentum entstehen. Man kann dies auf eine Kurzformel bringen: Achtzig oder gar neunzig Prozent der Sozialpflicht des Eigentums ist die Sicherung von Arbeitsplätzen und die Schaffung neuer Arbeitsplätze.

Sie sprechen sich in Ihren Reden und Vorlesungen immer wieder für Bescheidenheit als eine Tugend aus. Eine christliche Tugend? Was ist für Sie politische Bescheidenheit?

Für den Christen ist es eine Tugend, sich in Demut und Bescheidenheit zu bewegen. In der Politik heißt Bescheidenheit: Auf Macht bewusst zu verzichten, die man ausspielen könnte. Bescheidenheit bringt Respekt und Vorbildhaftigkeit. Und wird auch zur Nachahmung gerne angenommen.

Ich glaube, die Vorbildhaftigkeit von Bescheidenheit ist unglaublich wichtig für Beziehungen – nicht nur innerhalb der Politik, sondern auch in der Familie, in der Firma, im Unternehmen, unter Freunden, unter Bekannten. Menschen, die Bescheidenheit üben, werden sympathisch gesehen, als angenehm empfunden und in ihrer Umgebung fühlt man sich wohl.

Max Weber hat in seinem Buch über die protestantische Ethik Religion und Kapitalismus in einen sehr praktikablen Zusammenhang gebracht. Er hat eindrucksvoll beschrieben, wie nach der Reformation in Holland der Reichtum der Kaufmannschaft entstanden ist, nämlich durch die Versöhnung von wirtschaftlichem Erfolg mit gottgefälligem Leben. Demnach ist der Reichtum die Belohnung, die man als Christ schon auf Erden für verantwortungsvollen Umgang mit den irdischen Gütern bekommen kann. Mir scheint, dass Sie sich Max Webers Ethik zum Prinzip Ihres Handelns gemacht haben.

Ich habe mich viel mit Max Weber beschäftigt, vor allem in der Zeit an der Universität Karlsruhe, in der ich Entrepreneurship gelehrt habe. Ich habe von Max Weber viel gelernt, für mich in meiner persönlichen Orientierung, aber auch für mein Verständnis unserer Wirtschaftsordnung, ihrer Stärken und ihrer Gefährdungen.

Weber arbeitet ja sehr stark den Unterschied zwischen dem Katholizismus und dem puritanischen Protestantismus heraus. Das klingt bis heute in Württemberg im Puritanismus und im Pietismus nach. Weber hat dem materiellen Erfolg das Odium des Gegensatzes zum Leben nach christlichen Glaubensgrundsätzen genommen. Mehr noch: Er leitet daraus die Pflicht zu verantwortungsvollem Umgang mit dem materiellen Erfolg ab.

Weber sieht in der Arbeit die Grundlage jeder menschlichen Existenzsicherung. Er verteufelt nicht den Reichtum, der aus Strebsamkeit, unternehmerischem Mut und kaufmännischem Geschick resultiert. Aber er mahnt zugleich zur Mäßigung und zur Abstinenz von Verschwendung. Man kann sagen, dass Max Webers Ethik gerade angesichts der Exzesse von Banken und Finanzkonglomeraten hochmodern ist.

Max Webers Erkenntnisse über die Grundlagen von wirtschaftlichem Erfolg, die immer noch gültig sind, lehren uns aber auch: Wenn man alles verschenkte, was die Reichen besitzen, würde die Armut auf der Welt nicht beseitigt. Die Welt würde ärmer. Nur durch Arbeit und Vermehrung des Kapitals findet die Wertschöpfung statt, die für eine weiter wachsende Zahl von Menschen die wirtschaftlichen Lebensgrundlagen herstellt.

Natürlich stelle auch ich mir oft die Frage: Wo führt der Kapitalismus überhaupt hin? Wo ist das Ende? Die Bäume können nicht in den Himmel wachsen. Auch für unser Wirtschaften gibt es Grenzen des Wachstums. Das ist logisch. Aber – wo liegen sie? Manchmal scheint es, für den Reichtum gäbe es auf dieser Welt kein Limit.

Die Weltgeschichte zeigt aber, dass weder ein Weltreich noch eine Dynastie ungebremst in die Zukunft hinein immer reicher geworden sind. Irgendwo tauchen Hindernisse auf, werden Fehlentscheidungen getroffen – intern und von außen. Denken wir in der politischen Geschichte an Karl den Großen oder an Napoleon, in der Wirtschaftsgeschichte an die Fugger, an die Rothschilds oder an die Krupps. Es war immer Werden, Sein und Vergehen. Deshalb habe ich immer das Triptychon „Werden – Sein – Vergehen" des großen Graubündner Malers Giovanni Segantini vor meinem inneren Auge. Das drückt eine schicksalhafte Entwicklung unseres Daseins aus, der niemand und nichts entgeht. Dem unterliegen nicht nur die einzelnen Menschen, sondern auch Weltreiche, Unternehmen, Banken, Dynastien, Parteien und Kirchen.

Kapitel 9
Gespräch mit Bettina Würth

Frauen führen anders

Aber die Ziele der Beiratsvorsitzenden sind die Gleichen wie die des Vaters: Alle Kraft für das Unternehmen

Mit dem 80. Geburtstag Ihres Vaters richtet sich erhöhte öffentliche Aufmerksamkeit auf die künftige Führung des Würth-Konzerns. Der Generationenwechsel findet in einer Zeit statt, in der Frauen als Unternehmensführerinnen immer noch eine Ausnahme sind. Wie Sie!

Ich bin seit neun Jahren Vorsitzende des Beirats der Würth-Gruppe. Insofern steht bei uns kein Generationenwechsel an. Mein Vater hat frühzeitig für Kontinuität in der Unternehmensführung gesorgt, als er mir den Vorsitz im Beirat übertragen und er selbst den Vorsitz im Stiftungsaufsichtsrat der Würth-Familienstiftungen übernommen hat, die Eigentümer des Unternehmens sind.

Die Politik führt eine Frauenquote für führende Positionen in der Wirtschaft ein. Was halten Sie davon?

Nichts!

Weshalb?

Weil dies schon wieder einer Diskriminierung gleichkommt. Quoten sind etwas anderes als gleiche Bedingungen für Männer und Frauen bei Entscheidungen über Führungspositionen. Ich konnte nie feststellen, dass die männlichen Kollegen Einwände gehabt hätten, eine Führungsposition einer Frau anzuvertrauen.

Führen Frauen anders als Männer?

Ja. Frauen sind kooperativer. Wir denken und arbeiten vernetzter als Männer. Das unterscheidet auch den Führungsstil. Wir sehen mehr das Team als den einzelnen Frontmann. Männer haben oft zu sehr den Tunnelblick.

Sie sehen eine Problemstellung und eine Zielsetzung, suchen die Lösung und marschieren los. Dann merken sie oft nicht, was links und rechts liegen bleibt oder vorbeizieht. Da spielen auch Emotionen eine Rolle, die beachtet werden sollten. Wenn das nicht geschieht, wird Nacharbeit erforderlich, die im Vorfeld vermeidbar gewesen wäre.

Vielleicht bedarf es doch eines politischen Nachdrucks, um einen Durchbruch zu mehr Frauen in Führungspositionen zu erreichen?

Quote ist der falsche Weg. Er führt nicht zum Ziel, das auch ich befürworte. Wer Frauen mehr Chancen im Beruf geben will, muss in der Gesellschaft die Voraussetzungen dafür schaffen. Ansätze dazu gibt es ja seit vielen Jahren. Man muss Frauen die Möglichkeit geben, Beruf und Familie miteinander zu verbinden. Da fehlt es noch an vielem. Wenn Frauen wissen, wo sie ihre Kinder unterbringen können, und wissen, dass ihre Kinder gut versorgt sind, dann können sie frei agieren und sich im Berufsleben anders entwickeln, als wenn diese Voraussetzungen nicht gegeben sind. Ich glaube auch nicht, dass die Annahmen der Politik stimmen, die auf einem Frauenbild beruhen, das als Lebensweg der Frauen vor allem den beruflichen Aufstieg propagiert. Das Frauenbild darf nicht nur in eine Richtung entwickelt werden. Wir müssen den unterschiedlichen Lebensmodellen Rechnung tragen. Es braucht dafür mehr Teilzeitjobs, mehr Betreuungsplätze für Kinder. Das ist wichtiger als Frauenquoten.

Hohenlohe, die Heimatregion des Konzerns, wirbt um Arbeitskräfte, die aus anderen Regionen hierher kommen sollen. Wenn Familien zuziehen, wollen auch die Frauen Arbeitsmöglichkeiten. Wie ist Ihre Erfahrung dabei?

Wir sind hier in einem Raum, der quasi null Arbeitslosigkeit hat. Wenn wir Fachkräfte gewinnen wollen, finden wir oft nicht gleich die richtige Besetzung, weil die Leute mit 25 oder 30 Lebensjahren noch nicht gebunden sind, also keine Familie haben. Die wollen in Städten und großstädtischen Regionen leben. Da hilft das Angebot von Betreuungsplätzen für Kinder auch nichts.

Ihr Plädoyer für Wahlmöglichkeiten für Frauen stellt Anforderungen nicht nur an die Politik. Ohne entsprechende Vorkehrungen in der Wirtschaft bleibt es ein schöner Wunsch. Wie halten Sie es bei Würth damit?

Wir haben schon viele Teilzeit-Arbeitsplätze. Die Flexibilisierung der Arbeitszeiten wird fortschreiten. An der Einrichtung der Kinderbetreuung arbeiten wir. Wir werden 2015 in der Freien Schule Anne-Sophie einen Hort einrichten. In einigen Unternehmen gibt es das schon. Wir wollen Lösungen für den ganzen Konzern. Wir sind ein familiengeführtes Unternehmen. Und wir sind ein mitarbeiterfreundliches Unternehmen und insofern indirekt natürlich auch ein familienfreundliches Unternehmen. Denn wenn wir uns mit den Belangen unserer Mitarbeiter mit Respekt auseinandersetzen und versuchen, ein Arbeitgeber zu sein, der sich ums Wohl seiner Mitarbeiter kümmert, fließen automatisch auch Fragen wie „Wie bekommt man Privates und Geschäftliches unter einen Hut" mit ein.

Ihr Vater hat die Würth-Gruppe gegründet, Ihr Vater hat sie geprägt. Sie treten in große Fußstapfen. Nehmen Sie wahr, wie sich von außen kritische Blicke darauf richten?

Ich lasse mich durch das, was Sie als kritische Wahrnehmungen von außen beobachten, nicht irritieren. Die Erwartungshaltung, die sich in der Frage zuspitzt „Wie geht es weiter nach Reinhold Würth?", begleitet uns seit Jahren. Ich bin da sensibel. Ich weiß, dass darin auch Versuchungen liegen können, Zwiespalt zu säen. Da könnte man sich ja zurücklehnen und abwarten: Guck doch mal, wie die zwei sich miteinander machen. Auf diesen Pfad lasse ich mich nicht drängen. Mein Vater und ich haben die Entwicklung ganz gut im Griff. Wir leben den Wechsel in der Unternehmensführung schon seit einigen Jahren. Und das geht gut. Ich stelle mich jeder Herausforderung. Wenn ich zu einer Position ja sage, dann heißt das auch ja!

Anfang 2006 hat mein Vater ganz offiziell mitgeteilt, dass er sich ein Stück weit aus dem Unternehmen zurückziehen und weniger arbeiten möchte und dass seine Tochter ihm nachfolgt. Ich war ja schon seit langem im Betrieb. Herr Friedmann, der Sprecher der Konzernführung, war damals recht neu in seiner Position. Da sind wir sicher mit viel Elan ein Stück vorgeprescht, sodass sich mein Vater in manchen Angelegenheiten übergangen fühlte oder gar an die Seite gestellt glaubte.

Aber: Bei größtem Respekt vor dem, was er geschaffen hat – ich trete nicht in die Fußstapfen meines Vaters. Das geht auch gar nicht. Das ist, als wenn Sie sich mit einem anderen Anzug als jemand anderes verkleiden wollen.

Ich setze alle meine Kraft ins Unternehmen und ich verfolge dieselben Ziele wie mein Vater. Ich will unsere Kultur erhalten, die er geprägt hat. Ich will – wie er – die Leistungsorientierung und Leistungskraft im ganzen Konzern für die Zukunft sichern. Das ist sicherlich die größte Aufgabe, die sich aus einem derartigen Übergang ergibt.

Aber ich muss es nicht in gleicher Weise tun wie mein Vater. Ich habe meinen eigenen Stil und meine eigene Führungsmethode. Ich bin ein ganz pragmatischer Arbeiter. Ich will, dass die Würth-Gruppe weiterhin wächst, Gewinne abliefert, Umsatzwachstum erzielt und sichere Arbeitsplätze erhält und schafft.

Mein Vater und ich haben ein gutes Miteinander. Jeder kommt seiner Aufgabe kompetent nach. Dahinter liegen bei meinem Vater wie bei mir die nicht immer einfachen Findungsjahre. Das ist die zwischenmenschliche Seite.

Ich habe nie ein Hehl daraus gemacht, dass wir auch Auseinandersetzungen hatten. Wenn das nicht der Fall gewesen wäre – da hätte doch etwas nicht gestimmt. Als mein Vater 2014 sein Arbeitsjubiläum feierte, das heißt, dass er 65 Jahre für das Unternehmen arbeitete, haben wir mit Ironie eine Bewerbung meines Vaters um einen Job im Konzern gespielt. Er hat als Hohenloher viel Sinn für Ironie. Und hat mit uns gelacht, als wir ihn und seine Persönlichkeit auf die Schippe genommen haben.

Auf der anderen Seite hat mein Vater das Unternehmen brillant in eine sichere Struktur gepackt. Er hat es in vier Familienstiftungen eingebracht und für diese ein vorzügliches Regelwerk geschaffen. Im Stiftungsaufsichtsrat sind die Eigentümerfunktionen gebündelt und die Familienstruktur abgebildet. Der neunköpfige Beirat, dessen Vorsitzende ich bin, überwacht und begleitet das operative Geschäft des Konzerns. Die Richtlinien der Geschäftspolitik werden von der Konzernführung konzipiert.

Jedes Gremium weiß, was es zu tun hat, welche Verantwortung ihm übertragen ist, welche Entscheidungskompetenzen ihm zustehen. Wir haben in dieser Konstellation schon eine ganze Weile Übung – und das funktioniert. Das war manchmal auch schwierig, aber ich habe meinen Weg gefunden.

Was ist für Sie die unternehmerische Familientradition?

Eine Familientradition ist für mich zum Beispiel die Art, in der wir auftreten. Es besteht also für mich und meine Kinder eine Tradition darin, so aufzutreten, wie wir von meinen Eltern erzogen wurden. Ich wünsche mir, dass auch in meiner Familie die Kultur gelebt wird, die wir im Unternehmen leben, wie beispielsweise Ehrlichkeit, Geradlinigkeit und Bescheidenheit. Ich freue mich, wenn meine Kinder Interesse am Unternehmen haben. Ob sie sich im Konzern engagieren und wie – das müssen sie selbst entscheiden.

Viele Unternehmensgründer tun sich schwer mit familienfremdem Management. Sie sind nach Ihrem Vater die nachfolgende Generation und als Beiratsvorsitzende direkt mit der Konzernführung verbunden. Wie praktizieren Sie diese Aufgabe?

Wir haben ein nicht zur Familie gehörendes Management. Das ist eingespielt. Ich verstehe uns als Team, in dem jedes Mitglied seine Funktionen hat. Ich arbeite auf gleicher Ebene mit meinen Kollegen in der Konzernführung zusammen.

Wenn Sie von der Kultur des Unternehmens sprechen, beziehen Sie die Leistungsorientierung mit ein. Was meinen Sie damit?

In die Unternehmenskultur fließt das gesamte interne und externe Handeln ein. Ich achte darauf, dass wir uns alle immer wieder diesem Anspruch stellen. Wir wollen erfolgreich sein, professionell arbeiten, aggressiv und zugleich bescheiden. Das alles findet seinen Niederschlag in flachen Hierarchien.

Wir haben hohe Leistungsanforderungen seitens des Unternehmens an alle, die bei uns arbeiten. Das heißt: mehr zu geben als das Normale. Auf der anderen Seite wollen wir aber auch mehr zurückgeben für die

Leistung. Das gilt für die finanzielle Seite, aber auch für vielfältige Entwicklungsmöglichkeiten im Unternehmen und für die Art des Umgangs untereinander. Das sind Prinzipien unserer Mitarbeiterführung. Die Mitarbeiter werden als Menschen wahrgenommen. Dazu gehört auch, dass ihnen in Notsituationen geholfen wird. Das alles hinzubekommen, braucht viel Energie.

Woraus beziehen Sie Ihre Energie?

Aus dem Willen, die Aufgaben zu erfüllen, die ich angenommen habe und denen ich mich stelle. Die Nachfolge meines Vaters, die ich angetreten habe, muss sichtbar sein. Die Mitarbeiter müssen spüren, dass sie geführt werden. Energie darf man nicht vergeuden; sie muss geschickt eingesetzt werden. Die Arbeitskraft sinnvoll einzusetzen, das verschafft Bestätigung. Das geschieht, wenn die Kollegen und die Mitarbeiter merken, dass ich mit ihnen an den aktuellen Themen arbeite, dass ich mich mit ihnen für das Unternehmen einsetze, dass sie Feedback von der Beiratsvorsitzenden bekommen.

Haben Sie Vorbilder? Bei wem holen Sie sich Rat?

Ein sehr nahestehendes Vorbild: meine Mutter. Sie sagt ohne Umschweife, was sie für richtig und was für falsch hält. Sie ist das Herz unserer Familie. Ich hole mir Rat auch bei meinem Vater und ich bespreche mich mit meinen Kollegen. Auch mein Mann ist mir ein guter Ratgeber. Aber entscheiden muss ich letztendlich allein. Und hinter der Entscheidung, die ich getroffen habe, stehe ich.

Der Konzern arbeitet an der Umstellung auf E-Commerce. Wie gehen Sie diese Herausforderung an?

Das ist für uns schwieriger als zum Beispiel für den Versandhandel, der mehr mit Katalogen und weniger Direktvertrieb wie wir am Markt agiert. Unsere Verkäufer sind täglich beim Kunden. Das praktizieren wir seit über sechzig Jahren so. Das Unternehmen ist darauf ausgerichtet, dass es Adressaten in den Personen seiner Außendienstmitarbeiter hat. Mit den Informationen, die sie täglich erhalten, bedienen sie die Kunden und erledigen die Aufträge zum Wohle des Unternehmens. Das war immer sehr erfolgreich. Unsere ganze Vertriebskompetenz ist jeden Tag draußen am Markt. Jetzt verändert die Elektronik das Kundenverhalten und den Markt. Das bedingt Umstellungen bei uns.

Was heißt das konkret?

Die Kunden waren uns voraus. Sie haben das Internet intensiver genutzt, als wir es ihnen bieten konnten. Deshalb kam das Thema so mit Eile über uns. Wir stecken viele Ressourcen und viel Energie in diese Umstellung und beschäftigen uns mit der Lösung beispielsweise folgender Fragen: Wie verändert sich das Kaufverhalten unserer Kunden? Welche Anforderungen stellen wir an unsere Verkäufer? Wie viele Verkäufer brauchen wir in Zukunft draußen im Markt? Das Geschäftsmodell verändert sich, aber nicht in der Dramatik, wie man es vor einem Jahr noch befürchtet hat.

Wir haben unser Commitment klar definiert: Der Außendienst ist auch in Zeiten des Internets unsere unverzichtbare Vertriebsstärke. Wir wollen die Kernkompetenz, die wir uns erarbeitet haben, weiter stärken. Das ist ein wichtiges Signal für die Mitarbeiter.

Es gibt noch viel Potential im Markt, das mit unserem Geschäftsmodell gehoben werden kann und muss. Wir wollen unseren Marktanteil erhöhen. Wir haben über 100.000 Produkte im Sortiment. Da gibt es genug, was der Verkäufer dem Kunden noch bieten kann. Das geht nur, wenn wir dem Kunden damit nutzen. Da kommt die Beratung durch den Verkäufer als Stärke ins Spiel. Dabei bleibt das Handwerk weiter unsere zentrale Klientel.

Welche Rolle spielt die Entwicklung von Produkten bei Ihnen?
Arbeiten Sie kontinuierlich an Produktinnovation?

Das spielt eine große Rolle, oft in Zusammenarbeit mit Zulieferern. Wir bekommen oft Anregungen von Tüftlern, Erfindern und Handwerkern, die wir aufgreifen und umsetzen. Bei unseren Entwicklungen handelt es sich in erster Linie um Verbesserungen an Werkzeugen und an Befestigungssystemen. Das kann beispielsweise eine verbesserte Bohrspitze bei Schrauben sein, die dann dazu führt, dass Terrassenholz beim Verschrauben nicht mehr gespalten wird, sich also niemand mehr mit Spreißeln verletzen kann, wenn er darüber läuft.

Ihr Vater repräsentiert das Bild des Konzerns auch durch seine hohe Präsenz in der Öffentlichkeit. Sie sind da auffällig zurückhaltend.

Ich sehe meine erste Aufgabe darin, das zu entwickeln, was die Kultur hier im Konzern ausmacht – die Leistung, die Belohnung der Leistung, den Respekt voreinander und füreinander, die Kundenorientierung, die Innovationsfähigkeit. Damit helfe ich mit, das Unternehmen weiterzuentwickeln. Das erfordert hohe interne Präsenz und Bindung an das Unternehmen. In der Öffentlichkeit auftreten – das können auch andere machen. Und das geschieht für das Unternehmen auch schon oft und auf vielen Ebenen.

Natürlich weiß ich, dass ich mich der öffentlichen Rolle nicht immer entziehen kann. Ich werde mich dem stellen, wenn ich entscheide, dass es darauf ankommt. Ich muss es aber nicht in gleicher Weise und in gleicher Intensität tun wie mein Vater. Das entspricht seiner Persönlichkeit, gelingt ihm, macht ihm Freude und ist deshalb authentisch. Man kann nur da gut sein, wo man sich auch authentisch fühlt. Der langjährige Weggefährte meines Vaters, Rolf Bauer, hat noch nie einen öffentlichen Vortrag gehalten. Aber das hat seine Bedeutung für das Unternehmen nicht geschmälert. Im Übrigen nehme ich auf meine Weise schon jetzt eine ganze Reihe von Funktionen außerhalb des Unternehmens wahr.

Zum Beispiel?

Ich bin Vizepräsidentin der Handelskammer Deutschland-Schweiz. Ich war Vizepräsidentin der Industrie- und Handelskammer Heilbronn-Franken, bin jetzt im Präsidium des BDI und des Wirtschaftsrats der CDU. Ich habe die Freie Schule Anne-Sophie in Künzelsau initiiert. Für die auswärtige Kulturpolitik Deutschlands wirke ich im Wirtschaftsbeirat des Goethe-Instituts mit.

Ihr Vater hat Kunst in die Arbeitswelt integriert. Mit den Foren und Museen in Betriebsstätten des Unternehmens. Er praktiziert – am sichtbarsten in der Kunsthalle Würth in Schwäbisch Hall – das Motto des früheren Frankfurter Kulturdezernenten Hilmar Hoffmann: Kultur für alle. Der Eintritt ist frei, Kinder bekommen spezielle Förderung des Kunstverständnisses. Beziehen Sie das in Ihr Verständnis von Tradition ein?

Gespräch mit Bettina Würth

Das gehört zu uns, zu unserem Markenbild. Die Aufgabe bleibt, die Kunstsammlung zu erhalten und bekannter zu machen. Ich werde darauf Einfluss nehmen, dass das aktiv gelebt und im Selbstverständnis des Konzerns gepflegt wird. Ich werde das aber nicht persönlich an mich ziehen. Das ist und bleibt Aufgabe des Unternehmens.

Veröffentlichungen von Reinhold Würth

Das Archiv der Würth-Gruppe hat die nachfolgende, umfangreiche Bibliografie für dieses Buch zur Verfügung gestellt.

Bücher

Reinhold Würth (1985), *Beiträge zur Unternehmensführung.* Schwäbisch Hall: Swiridoff Verlag, ISBN 3-921279-07-0.

Reinhold Würth (1985), *Thoughts on Company Management.* Schwäbisch Hall: Swiridoff Verlag, ISBN 3-921279-08-9.

Architekten-Wettbewerb, Verwaltungsgebäude der Adolf Würth GmbH & Co. KG (1987). Schwäbisch Hall: Swiridoff Verlag.

Reinhold Würth (1995), *Erfolgsgeheimnis Führungskultur – Bilanz eines Unternehmers,* Frankfurt/New York: Campus-Verlag, ISBN 3-593-35266-4, Künzelsau: Swiridoff Verlag, 2. Aufl. 1999, ISBN 3-934350-08-9.

Reinhold Würth (1995), *Management Culture: The Secret of Success – An Entrepreneur Takes Stock.* Frankfurt/New York: Campus Verlag, ISBN 3-593-35421-7.

Reinhold Würth, *Entrepreneurship in Deutschland – Wege in die Verantwortung,* Schriften des Interfakultativen Instituts für Entrepreneurship an der Universität Karlsruhe (TH), Band 1. Künzelsau: Swiridoff Verlag, ISBN 3-934350-32-1.

Reinhold Würth (Hrsg.) (2001), *Wer wagt? – Unternehmensgründungen in Deutschland,* Schriften des Interfakultativen Instituts für Entrepreneurship an der Universität Karlsruhe (TH), Band 2. Künzelsau: Swiridoff Verlag, ISBN 3-934350-44-5.

Reinhold Würth (Hg.) (2001), *Strömung der Zeit – Wirtschaft und Gesellschaft an der Schwelle zum 21. Jahrhundert,* Schriften des Interfakultativen Instituts für Entrepreneurship an der Universität Karlsruhe (TH), Band 3. Künzelsau: Swiridoff Verlag, ISBN 3-934350-45-3 (englisch: *The Tides of Change).*

Reinhold Würth & Hans Joachim Klein (2001), *Wirtschaftswissen Jugendlicher in Baden-Württemberg – Eine empirische Untersuchung,* Schriften des Interfakultativen Instituts für Entrepreneurship an der Universität Karlsruhe (TH), Band 4. Künzelsau: Swiridoff Verlag, ISBN 3-934350-46-1.

Reinhold Würth (Hg.) (2003), *Wirtschaftsunterricht an Schulen im Aufwind?* Schriften des Interfakultativen Instituts für Entrepreneurship an der Universität Karlsruhe (TH), Band 7. Künzelsau: Swiridoff Verlag, ISBN 3-89929-013-5.

Reinhold Würth (Hrsg.) (2003), *Wer wagt, gewinnt! Unternehmensgründungen in Deutschland,* Schriften des Interfakultativen Instituts für Entrepreneurship an der Universität Karlsruhe (TH), Band 8. Künzelsau: Swiridoff Verlag, ISBN 3-89929-001-1.

Reinhold Würth (Hrsg.) (2004), *Wirtschaftswissen in der Lehrkräftefortbildung,* Schriften des Interfakultativen Instituts für Entrepreneurship an der Universität Karlsruhe (TH), Band 11. Künzelsau: Swiridoff Verlag, ISBN 3-89929-050-X.

Reinhold Würth, Wolfgang Gaul & Viktor Jung (Ed.) (2005), *The Entrepreneurship- Innovation-Marketing Interface, Proceedings of the Symposium in Karlsruhe.* Künzelsau: Swiridoff Verlag, ISBN 3-934350-60-7.

Beiträge in Büchern, Zeitschriften und Sammelwerken

Was macht ein Unternehmen als Arbeitgeber attraktiv? (1990). In Alexander Demuth (Hrsg.), *Imageprofile 1991 „Unternehmenskultur"* (S. 63–74). Düsseldorf: Econ Verlag, ISBN 3-430-14942-8.

Reinhold Würth & Günter Kraut (1991), Unternehmensführung – Quo vadis? In *Tübinger Universitätsreden Band 42, Die Verleihung der Ehrensenatorenwürde, Ansprachen anläßlich der Feiern am 22.02. und 25.03.1991* (S. 17–27). Tübingen: Attempto Verlag.

Strategie und Vision am Beispiel der Würth-Gruppe (1991). In Prof. Dr. Erich Zahn (Hrsg.), *Auf der Suche nach Erfolgspotentialen – Strategische Optionen in turbulenter Zeit, Tagungsband zum Stuttgarter Strategieforum 1991* (S. 121–129). Stuttgart: Schäffer-Poeschel Verlag, ISBN 3-7910-0579-0.

Unternehmenskultur und Motivation (1992). In Richard Matheis (Hrsg.), *Erfolgsmanagement 2000, Konzepte für Menschen, Märkte, Unternehmen* (S. 296–307). Frankfurt: F.A.Z.; Wiesbaden: Gabler, ISBN 3-409-19154-2.

Die Logistik im Spannungsfeld zwischen Führungstechnik und Unternehmenskultur (1992). In Bundesvereinigung Logistik e.V. (Hrsg.), *Tagungskatalog zum Deutschen Logistikkongreß '92 in Berlin, Logistik – Lösungen für die Praxis, Berichtsband über den Kongreß '92, Band 1* (S. 323–334). München: Huss-Verlag GmbH.

Festvortrag: Führungskultur als neue Dimension des Erfolges (1992). In Hans-Jörg Bullinger, Fraunhofer-Institut für Arbeitswirtschaft und Organisation (IAO) (Hrsg.), *Informationsarchitekturen als strategische Herausforderung: Lean Management, Integrationsmanagement, Informationsmanagement* (S. 9–21).

Baden-Baden: FBO – Fachverlag für Büro- und Organisationstechnik GmbH, ISBN 3-922213-22-7.

Buchbesprechung, Marketing-Management 7. Auflage 1992 von Philip Kotler/ Friedhelm Bliemel (1992). In *M & M Marktforschung & Management, Zeitschrift für marktorientierte Unternehmenspolitik, (1),* S. 37 f.

Thesen zur Unternehmensführung im Jahr 2010 (1993). In Günter Würtele (Hrsg.), *Lernende Elite: Was gute Manager noch besser macht* (S. 86–110). Frankfurt: F.A.Z.; Wiesbaden: Gabler, ISBN 3-409-19177-1.

Unternehmens-, Führungs- und Kommunikationskultur (1993). In Frank-Jürgen Witt (Hrsg.), *Managerkommunikation* (S. 17–26). Stuttgart: Schäffer-Poeschel Verlag, ISBN 3-7910-0673-8.

Vorwort (1993). In Siegmar Saul, *Führen durch Kommunikation* (S. 7 f.). Weinheim und Basel: Beltz Verlag, ISBN 3-407-36307-9.

Karrieremarketing im mittelständischen Unternehmen (1993). In Organisationsforum Wirtschaftskongreß Köln (Hrsg.), *Die Ressource Mensch im Mittelpunkt innovativer Unternehmensführung* (S. 59–69). Wiesbaden: Gabler, ISBN 3-409-19195-X.

Die Osteuropa- und China-Strategie der Würth-Gruppe (1993). In Bruno Tietz & Joachim Zentes, *Ost-Marketing/Erfahrungspotentiale osteuropäischer Konsumgütermärkte* (S. 193–206). Düsseldorf: Econ-Verlag, ISBN 3-430-19068-1.

Dienstleistung als Herausforderung für Führung und Unternehmenskultur (1993). In Hermann Simon (Hrsg.), *Industrielle Dienstleistungen* (S. 309–317). Stuttgart: Schäffer-Poeschel Verlag, ISBN 3-7910-0655-X.

Unternehmensentwicklung und Mitarbeitermotivation in sich wandelnder Zeit (1993). In *Jahresbericht '93 Verband Fenster und Fassade* (S. 17–24).

Innovationswert der Marke im Befestigungsteilemarkt (1994). In *Markenartikel – Zeitschrift für Markenführung, (5),* S. 227f.

Der Visionär mit dem Dickkopf (1994). In Horst Rückle, *Mit Visionen an die Spitze – zukunftsorientiert denken, handeln und führen* (S. 197–201). Wiesbaden: Gabler, ISBN 3-409-19089-9.

Marketing nach innen (1995). In Friedhelm W. Bliemel (Hrsg.), *„Mehr Markt" in der Unternehmensführung, Praxisbeispiele und Konzepte* (S. 28–42). Berlin: Erich Schmidt Verlag, ISBN 3-503-03817-5.

Einführung (1995). In Hans Peter Schwarz, *Würth – Die Architektur weiterbringen (S. 9-43).* München: Aries Verlag, ISBN 3-920041-63-1.

Der Verkäufer als Botschafter des Unternehmens (1995). In *Zukunft Verkauf – neue Wege für Ihren Erfolg, 15 Experten verraten ihre Erfolgskonzepte* (S. 60). Würzburg: Max Schimmel Verlag, ISBN 3-920834-38-0.

Unternehmensphilosophie (1995). In Jean-Christophe Ammann (Hrsg.), *Kulturfinanzierung, Dokumentation des Symposiums zur ART Frankfurt 1995* (S. 45–58), Regensburg: Lindinger + Schmid, ISBN 3-929970-17-1.

Unternehmenskultur leben und weitergeben (1995). In H.-J. Warnecke & H.-J. Bullinger (Hrsg.), *Fabrikstrukturen im Zeitalter des Wandels – welcher Weg führt zum Erfolg?* (S. 43–58). Berlin, Heidelberg, New York: Springer, ISBN 3-540-60722-6.

Der Faktor Mensch im Service (1995). In *AT & T EdgeWare, Zeitschrift für Dienstleistungen im Bereich Computing & Telekommunikation, (1),* S. 18 f.

Geleitwort (1995). In Klemens Kappe (Redaktion), *Effizienz durch Menschlichkeit; Neue Personalpolitik zur Gesundung der Unternehmen* (S. 9–13), Stuttgart: Kreuz Verlag, ISBN 3-7831-1400-4.

Schaffung strategischer Wettbewerbsvorteile in sich wandelnder Welt (1996). In *Schmidt Colleg News, (1),* S. 16–20.

Firmenkonjunktur statt Marktrezession! (1996). In *ASU/BJU Unternehmerzeitschrift, (4),* S. 18.

Geleitwort (1996). In Uwe Kirst & Stefan Bieler, *Unternehmensnachfolge, Über vier Hürden zur gesicherten Nachfolge* (S. Vf.). Neuwied: Hermann Luchterhand Verlag, ISBN 3-472-02607-3.

Lehrpläne der kaufmännischen Schulen in kürzeren Intervallen modernisieren (1997). In *Festschrift des Verbandes der Lehrer an Wirtschaftsschulen in Baden-Württemberg* (S. 41–44). Ettlingen.

Irrationalität und Unternehmensführung (1997). In Adolf Würth GmbH & Co. KG (Hrsg.), *Kultur bei Würth, Beiträge zur Kulturarbeit in einem Unternehmen* (S. 7–33). (2., erweiterte Auflage 1999). Künzelsau: Adolf Würth GmbH & Co. KG.

Irrationality and Corporate Management (1997). Adolf Würth GmbH & Co. KG (Hrsg.), *Wurth and the Arts, A company's commitment to culture* (S. 7–33). Künzelsau: Adolf Würth GmbH & Co. KG.

Würth – Motivation und Vision im virtuellen Unternehmen (1997). In Dr. Wieselhuber & Partner (Hrsg.), *Handbuch Lernende Organisation – Unternehmens- und Mitarbeiterpotentiale erfolgreich erschließen* (S. 507–514). Wiesbaden: Gabler, ISBN 3-409-18694-8.

Kunst und Unternehmen – Das Beispiel Würth und Podiumsdiskussion mit Jean-Christophe Ammann, Gernd Schwandner, Michael Lingner und Reinhold Würth (1996). In Patrick Werkner u. a. (Hrsg.), *Kunst – Raum – Perspektiven, Ansichten zur Kunst in öffentlichen Räumen. Dokumentationsband des gleichnamigen Symposiums vom 21.–23.11.1996 in Jena* (S. 130–136 und S. 139–149). Jena: Kulturamt, ISBN 3-930128-29-2.

Die Zukunft des Mittelstandes im neuen Europa (1997). In Frankfurter Allgemeine Zeitung GmbH, Junkers Bosch Thermotechnik (Hrsg.), *Standpunkte für ein grenzenloses Europa, Symposium am 15. September 1997 in Dresden* (S. 76–101). Frankfurt am Main.

Schaffung strategischer Wettbewerbsvorteile in einer sich wandelnden Welt (1997). In Manfred Perlitz, Andreas Offinger, Michael Reinhardt & Klaus Schug (Hrsg.), *Strategien im Umbruch, Neue Konzepte der Unternehmensführung* (S. 19–25). Stuttgart: Schäffer-Poeschel Verlag, ISBN 3-7910-1192-8.

Gesellschaftspolitik in Deutschland am Ende des 20. Jahrhunderts (1998). In Roland Ermrich (Hrsg.), *100 Jahre Ludwig Erhard. Das Buch zur Sozialen Marktwirtschaft* (überarbeitete Auflage) (S. 102–106). Düsseldorf: MVV Medien Vertriebs- und Verlagsgesellschaft mbH, ISBN 3-9805581-0-X.

Als Mittelständler zur Weltmarktführerschaft (1998). In *Peter W. Weber (Hrsg.), Leistungsorientiertes Management* (S. 45–54). Frankfurt am Main, New York: Verlag, ISBN 3-593-36078-0.

Verinnerlichte Ziele und lebendige Visionen sind die Voraussetzung für eine überdurchschnittliche Personalentwicklung (1998). In Gerd Krakowitzer (Hrsg.), *Organisationskultur – Der Weg zum neuen Mitarbeiter, Qualitätsforum 1998* (S. 145–158). Leoben (Österreich): Quality Management Institute, ISBN 3-929383-26-8.

Zukunftssicherung durch Familienstiftung – Praxisfall 6: Würth-Gruppe (1998). In Gerhard und Lore Kienbaum Stiftung, Holger Sobanski & Joachim Gutmann (Hrsg.), *Erfolgreiche Unternehmensnachfolge – Konzepte – Erfahrungen – Perspektiven* (S. 259–265). Wiesbaden: Gabler, ISBN 3-409-13102-7.

Vom Familienbetrieb zum Weltmarktführer (1999). In Erich Zahn & Stefan Foschiani (Hrsg.), *Maßgeschneiderte Strategien – der Weg zur Alleinstellung im Wettbewerb* (S. 79–92). Stuttgart: Schäffer-Poeschel Verlag, ISBN 3-7910-1463-3.

Kunst, Kultur und Unternehmen – Das Beispiel Würth (1999). In Klaus Götz, Monika Löwe, Sebastian Schuh & Martina Szautner (Hrsg.), *Cultural Change, Managementkonzepte Bd. 4* (S. 103–118). München und Mering: Rainer Hampp Verlag, ISBN 3-87988-386-6.

Entrepreneurship in Theorie und Praxis (2000). Die Entwicklung der Würth-Gruppe. In *Karlsruher Transfer, (24)*, S. 30–33.

Faktoren für die erfolgreiche Unternehmensführung im 21. Jahrhundert (2001). In Gustav Bergmann & Gerd Meurer (Hrsg.), *Best Patterns – Erfolgsmuster für zukunftsfähiges Management* (S. 17–20). Neuwied: Hermann Luchterhand Verlag, ISBN 3-472-04600-7.

Die Öffentlichkeitswirkung von Kunstaktivitäten – Das Beispiel Würth (2001). In Hilmar Hoffmann (Hrsg.), *Kultur und Wirtschaft, Knappe Kassen – Neue Allianzen* (S. 135–143). Köln: DuMont, ISBN 3-7701-5876-8.

Architecture at Würth, Architektur bei Würth (2001). Gottfried Knapp, & Andreas Schmid, *Building for the World – Architecture at Würth; Bauen für die Welt – Architektur bei Würth* (S. 6–11). Künzelsau: Swiridoff Verlag, ISBN 3-934350-43-7.

Neue Gründer braucht das Land (2001). In *Karlsruher Transfer, (25)*, S. 5 f.

Zum Weltmarktführer hochgeschraubt – Ein Gespräch mit Prof. Dr. Reinhold Würth (2001). In Peter May, Gert Sieger & Gerold Rieder (Hrsg.), *Familienunternehmen heute – Jahrbuch 2002* (S. 75–79). Bonn: INTES Akademie für Familienunternehmen, ISBN 3-9808036-0-0.

Erfolgsgeheimnis Führungskultur (2001). In Josef Wieland (Hrsg.), *Human Capital und Werte – Die Renaissance des menschlichen Faktors* (S. 63–73). Marburg: Metropolis Verlag, ISBN 3-89518-354-7.

Wirkliches Vorbild (2002). In *unternehmermagazin, (1/2)*, S. 44 f.

Über den Zusammenhang zwischen Kunst, Kultur und Unternehmenserfolg (2002). In Torsten Blanke, *Unternehmen nutzen Kunst* (S. 142–148). Stuttgart: Klett-Cotta, ISBN 3-608-94054-5.

Vom Nutzen des Kultursponsoring für die Unternehmensgruppe Würth (2002). In G. Braun (Hrsg.), *Stadt Karlsruhe – Kultur; Kultur und Wirtschaft – Kultursponsoring international* (S. 143–149). Karlsruhe: DRW-Verlag, ISBN 3-7650-8291-0.

Außendienstfluktuation und ihre Folgen (2002). In *Karlsruher Transfer, (28)*, S. 10 f.

Lähmende Bürokratie – Ursächliche und hemmende Einflüsse (2002). In Martin Bacher, Fritz Spielberger (Hrsg.), *Dreigliederung oder Bolschewismus* (S. 75–83). Schorndorf: Verlag Carl Bacher, ISBN 3-924431-39-6.

Unternehmensethik und Unternehmenskultur als Schlüssel zum Erfolg (2004). In Alexander Brink & Olaf Karitzki (Hrsg.), *Unternehmensethik in turbulenten Zeiten – Wirtschaftsführer über Ethik im Management* (S. 223–238). Bern, Stuttgart, Wien: Haupt Verlag, ISBN 3-258-06791-0.

Globalisierung der Geschäftsidee – Das Fallbeispiel Würth (2004). In Joachim Zentes & Bernhard Swoboda (Hrsg.), *Fallstudien zum Internationalen Marketing, Grundlagen – Praxiserfahrungen – Perspektiven* (S. 105–118). Wiesbaden: Gabler, ISBN 3-409-21513-1.

„Made in Germany" (2004). In *Diplomatisches Magazin, (4)*, S. 32 f.

Implementing SAP R/3 Financial Accounting (2004). In Henning Kagermann (Hrsg.), *Realtime – A Tribute to Hasso Plattner, Beitrag in der Festschrift zum*

60. Geburtstag (S. 9–14). Indianapolis, Indiana: Wiley Publishing, Inc., ISBN 0-7645-7108-7.

Chancen und Aufgaben von Familienstiftungen (2004). In Christian G. Böllhoff, Michael W. Böllhoff, Wilhelm A. Böllhoff & Marili Ebert (Hrsg.), *Management von industriellen Familienunternehmen, Beitrag in der Festschrift zum 70. Geburtstag von Dr. Wolfgang Böllhoff* (S. 273–275). Stuttgart: Schäffer-Poeschel Verlag, 3-7910-2403-5.

Vorwort (2004). In Hans Joachim Braun (Hrsg.), *Schrauben, Fügen, Kleben – Zur Entwicklung der Befestigungstechnik*; Schriftenreihe der Georg-Agricola-Gesellschaft Band 29. Freiberg. ISBN 3-931730-10-7.

Führungskultur und Erfolg – Bilanz eines Unternehmers (2004). In Jörg Schlüchtermann, Hermann-Josef-Tebroke (Hrsg.), *Mittelstand im Fokus – 25 Jahre BF/M-Bayreuth* (S. 323–335). Wiesbaden: Deutscher Universitäts-Verlag/ GWV Fachverlage GmbH, ISBN 3-8244-8019-0.

Unternehmenskultur – Führungskultur – Menschenführung (2004). In: *Vorträge zum Festakt 100 Jahre Gerling* (S. 22–25). Köln.

Mut, Kreativität, Verantwortung – Gedanken eines baden-württembergischen Unternehmers zur Unternehmenskultur (2005). In Agrarsoziale Gesellschaft e.V. (Hrsg.), *Landwirtschaft in Verdichtungsräumen* (S. 21–26). Schriftenreihe für Ländliche Sozialfragen, Band 145. Göttingen. ISSN 0080-7133.

Vorwort (2005). In Günther Somnia, *Abenteuer Umsatz. Helmut Gschnell und die Erfolgsgeschichte von Würth Italien*. Neumarkt: Würth Italien, ISBN 88-901691-0-9.

Ohne Eigentum ist alles nichts (2006). In Schwäbisch-Hall-Stiftung (Hrsg.), *Kultur des Eigentums* (S. 129–134). Bibliothek des Eigentums, Band 3. Berlin: Springer Verlag, ISBN 978-3540-33951-9.

Die Öffentlichkeitswirkung von Kunstaktivitäten – Das Beispiel Würth (2007). In Wolfgang Schneider (Hrsg.), *Grundlagentexte zur Kulturpolitik* (S. 237–242). Hildesheim: Glück & Schiller Verlag, ISBN 978-3-938404-119.

Grußwort / Greeting (2007). In: Union Mittelständischer Unternehmen e.V. – UMU (Hrsg.), *Europäischer Elite-Mittelstandspreis – The European Elite SME Award 2007* (S. 12–14). München.

„Human Capital" – der wichtigste Produktionsfaktor (2007). In Gerd Schweizer, Ulrich Iberer, Helmut Keller (Hrsg.), *Lernen am Unterschied* (S. 37 – 52). Bielefeld: W. Bertelsmann, ISBN 978-3-7639-3574-1.

Was Familienunternehmen auszeichnet und gefährdet – Erfolgsfaktoren für unternehmerisches Handeln (2007). In: Verband Baden-Württembergischer Omnibusunternehmer e.V. (Hrsg.), *Festreden anlässlich der WBO-Jahrestagung am 16. November 2007* (S. 16–22). Böblingen.

Vorwort (2007). In Justus Frantz, *Virtuos führen (S. V–VII)*. München: Hanser Verlag, ISBN 978-3-446-40968-2.

Erfolgreiche Unternehmensführung in sich verändernder Zeit (2009). In Ingrid Göpfert (Hrsg.), *Logistik der Zukunft – Logistics for the future* (S. 251–262) (5. Auflage). Wiesbaden: Gabler, ISBN 978-3-8349-1085-1.

Kunst und Geld – Antipoden oder Feinde? (2009). In Annette Kehnel (Hrsg.), *Geist und Geld* (S. 11–21), Frankfurt am Main: Frankfurter Allgemeine Buch, ISBN 978-3-89981-211-4.

Vorwort (2011). In: Steffen Merz (Hrsg.), *Die Faszination des Fliegens. Der Würth-Flugbetrieb 1966–2011* (S. 4 f.). Künzelsau: Swiridoff Verlag, ISBN 978-3-89929-232-9.

Der Dübelpapst – ein „Phänomen" (2012). In *Werner Fuchs, Jan Hofmann (Hrsg.), Befestigungstechnik, Bewehrungstechnik und …; Rolf Eligehausen zum 70. Geburtstag* (S. 25–28). Stuttgart: ibidem Verlag, ISBN 978-3-8382-0397-3.

Vorwort (2012). In: *Am Drücker! Mitarbeiter porträtieren ihr Unternehmen anlässlich 50 Jahre Würth Österreich* (S. 9). Künzelsau: Swiridoff Verlag, ISBN 978-3-89929-241-1.

Vorwort (2012). In: Thilo Baum, Martin Laschkolnik (Hrsg.), *Die Bildungsl"cke. Der komprimierte Survival-Guide für Berufseinsteiger* (S. 3). Kulmbach: Börsenmedien Verlag, ISBN 978-3-942888-96-7.

Von der Pike auf lernen, bescheiden und dankbar zu sein (2014). In Frank Arnold, *Der beste Rat, den ich je bekam* (S. 221–223), München: Hanser Verlag, ISBN 978-3-446-43872-9.

Bücher über Reinhold Würth

Karlheinz Schönherr (3. Aufl. 2001), *Nach oben geschraubt. Reinhold Würth. Die Karriere eines Unternehmers*. Künzelsau: Swiridoff Verlag, ISBN 3-934350-33-X.

Ute Grau und Barbara Guttmann (2005), *Reinhold Würth. Ein Unternehmer und sein Unternehmen*. Künzelsau: Swiridoff Verlag, ISBN 3-89929-057-7.

Silvia Zulauf (2014), *Spüren, was stimmt. Zum 65. Arbeitsjubiläum von Reinhold Würth*. Künzelsau: Swiridoff Verlag, ISBN 978-3-89929-299-2.

Vita Prof. Dr. h.c. Reinhold Würth

Vorsitzender des Stiftungsaufsichtsrats der Würth-Gruppe

Die hier zusammengestellte Vita stellt einen Auszug aus der umfangreicheren Sammlung von Daten dar, die dem Verlag vom Archiv der Würth-Gruppe zur Verfügung gestellt wurden.

20. April 1935 geboren in Öhringen.

1949   Mit 14 Jahren erster Lehrling in der väterliche Schraubengroßhandlung in Künzelsau, kaufmännische Lehre als Großhandelskaufmann, Prüfung 1952.

1954   Tod des Vaters Adolf Würth; Reinhold Würth übernimmt den kleinen Betrieb mit zwei Mitarbeitern. Das erste Geschäftsjahr unter seiner Leitung (1955) schließt mit einer zweistelligen prozentualen Umsatzsteigerung bei einem Jahresumsatz von 170.000 DM ab. Die Gunst des Aufbaubooms nach dem Zweiten Weltkrieg nutzend, wird das Unternehmen in der ganzen Bundesrepublik Deutschland aktiv.

1956   Hochzeit mit Carmen Linhardt.

1962   Gründung der ersten Auslandsgesellschaft in den Niederlanden. Heute ist die Würth-Gruppe mit über 400 Gesellschaften in mehr 80 Ländern aktiv und beschäftigt mehr als 66.000 Mitarbeiter, der Umsatz 2014 lag bei 10,1 Mrd. €.

1985   Verdienstkreuz am Bande des Verdienstordens der Bundesrepublik Deutschland.

1987   Wirtschaftsmedaille des Landes Baden-Württemberg.

02/1991 Ehrensenator der Eberhard-Karls-Universität Tübingen.

1991   Eröffnung des Neubaus der Firmenzentrale in Künzelsau-Gaisbach mit Museum Würth, in dem die Kunstsammlung Würth unentgeltlich der Öffentlichkeit zugänglich gemacht wird. Architekten: Siegfried Müller und Maja Djordjevic-Müller.

1993	Reinhold Würth scheidet als geschäftsführender Gesellschafter aus dem operativen Geschäft aus und übernimmt den Vorsitz im Beirat der Würth-Gruppe.
1994	Verdienstmedaille des Landes Baden-Württemberg.
1996	Verdienstkreuz 1. Klasse des Verdienstordens der Bundesrepublik Deutschland.
1997	Ehrenbürgerwürde der Stadt Erstein/Frankreich.
1999	Ehrendoktorwürde (Dr. rer. pol. h.c.) der Eberhard-Karls-Universität Tübingen.
06/1999	Ernennung zum Honorarprofessor der Universität Karlsruhe (TH).
1999	An der Universität Karlsruhe baut Reinhold Würth das interfakultative Institut für Entrepreneurship auf. Er leitet das Institut bis Ende des Sommersemesters 2003.
2000	Frz. Orden „Chevalier dans l'Ordre des Arts et des Lettres" als Würdigung für besondere Verdienste um die Verbreitung und Vermittlung französischer Kunst und Kultur
2001	Eröffnung der Kunsthalle Würth in Schwäbisch Hall. Architekt Henning Larsen.
2003	Erwerb der Fürstenbergsammlung mit Werken mittelalterlicher Meister.
2003	Ehrenbürgerwürde der Stadt Künzelsau an Reinhold und Carmen Würth.
2004	Ritter der Ehrenlegion (Chevalier de l'Ordre de la Légion d'Honneur).
2004	Ludwig-Erhard-Medaille (verliehen von der Ludwig-Erhard-Stiftung, Bonn, für Verdienste um die soziale Marktwirtschaft).
2004	Deutscher Gründerpreis 2004 in der Kategorie „Lebenswerk", verliehen durch StartUp, einer Initiative von Deutscher Sparkassen- und Giroverband, McKinsey & Company, stern, ZDF.
2006	Vorsitz des Beirats der Würth-Gruppe geht von Reinhold Würth zu Bettina Würth.

2007	Ehrendoktor der Universität Palermo in Kunstgeschichte.
2007	Ehrendoktor der University of Louisville, Kentucky, USA.
2008	Eröffnung der renovierten Johanniterkirche in Schwäbisch Hall als Heimstatt der Alten Meister aus der Sammlung Würth.
2008	Eröffnung des Musée Würth in Erstein (Frankreich).
2009	Erster Träger der Röntgenmedaille der Julius-Maximilians-Universität Würzburg, verliehen aus Anlass der Eröffnung des Adolf-Würth-Zentrums für Geschichte der Psychologie.
2009	Verleihung des „Merkur" als höchste Auszeichnung der Industrie- und Handelskammer Heilbronn-Franken.
2009	Verleihung der Großen Ehrenmedaille in Gold des Hohenlohekreises.
2009	Ehrung mit dem Universitätspreis durch die Eberhard-Karls-Universität Tübingen im Rahmen des Dies Universitatis.
2009	Officier de l'Ordre des Arts et des Lettres als Anerkennung der außerordentlichen Verdienste um die kulturelle Zusammenarbeit zwischen Deutschland und Frankreich.
2012	Offizier der Ehrenlegion.
2012	Verleihung 3. James-Simon-Preis an Reinhold und Carmen Würth in Berlin.
2012	Die für die Sammlung Würth erworbene Holbein-Madonna wird Teil der Ausstellung in der Johanniterkirche in Schwäbisch Hall.
2013	Kommandeur der Ehrenlegion (Commandeur de l'Ordre de la Légion d'Honneur).
2013	Internationaler Folkwang-Preis Essen (verliehen durch den Folkwang-Museumsverein).
2013	Prix Europe 2013 der Académie Rhénane, Straßburg.
2013	Ehrensenator der Hochschule Heilbronn.
2013	Eröffnung des Forum Würth in Rorschach (Schweiz).

| 2014 | Der Umsatz der Würth-Gruppe übersteigt zum ersten Mal die Schwelle von 10 Milliarden Euro. |
| 2015 | Ehrenbürger der Stadt Schwäbisch Hall. |

Der Autor

1936 geboren in Würzburg; Studium in Basel, München, Hongkong. Ehrensenator der Europa-Universität Viadrina Frankfurt (Oder). Mitglied der Jury für die Deutsch-Amerikanischen Hörfunk- und Fernsehpreise der Rias-Berlin-Kommission. Buchveröffentlichungen u.a. „Die anderen Deutschen – Wie der Osten die Republik verändert". Berufliche Stationen u.a.: Leitender Redakteur der Deutschen Welle; Geschäftsführer des Pilotprojekts Ludwigshafen zur Erprobung des privaten Rundfunks; Hauptgeschäftsführer des Bundesverbands Deutscher Zeitungsverleger; Mitherausgeber des Donaukurier, Ingolstadt; Herausgeber der Märkischen Oderzeitung; Verleger des Haller Tagblatts.